紅梅朵朵開

Blossoming of the Red Plum Tree

夏勁戈　著

Jack Jinn-Goe Hsia

美商EHGBooks微出版公司
www.EHGBooks.com

EHG Books 公司出版
Amazon.com 總經銷
2020 年版權美國登記
未經授權不許翻印全文或部分
及翻譯為其他語言或文字
2020 年 EHGBooks 第一版

ISBN-13：978-1-64784-017-4

For my grandchildren

佳瑋、佳亮、佳琪、佳琅、佳梅

with love

About The Author

Jack Jinn-Goe Hsia was born in Anhui Province, China at the beginning of the Japanese invasion. During the war-torn period spanning the first eight years of his life, Hsia and his family moved frequently and hastily, covering areas north and south of the Yangtze River. In 1949, on the eve of the Communists' occupation of mainland China, Hsia's family settled in Tainan, Taiwan where he completed middle and high schools without interruption. Hsia majored in mechanical engineering at National Taiwan University. There, he expanded the scope of his learning through Greek history and Chinese poetry classes. In addition, during his Ph.D. studies at Purdue University, he served as editor for The Bell Rings at Purdue, a periodical of the Chinese Students' Association.

Over a 36-year tenure at the National Institute of Standards and Technology (NIST), Hsia conducted research in spectrophotometry, helping set lighting and spectrophotometry standards for use in business and industry. As President of the International Commission on Illumination (CIE), he led efforts to advance the fields globally.

In addition to his professional pursuits, Hsia achieved the level of Able Toastmaster within Toastmasters International. He served as Principal of the Potomac Chinese

School, advisory board member of Maryland's Montgomery County Public Libraries, President of the Washington Chinese Literary Society, and is a member of the District of Columbia Chapter of the North America Chinese Writers' Association.

In retirement, Hsia served as a volunteer docent at the U.S. Air and Space Museum. He is a certified Master Gardener through the University of Maryland Extension program, volunteering in its plant clinics.

Retirement offers Hsia the luxury of time to pursue his life-long passion for Chinese literature. His greatest joy lies in sharing his love for the Chinese language. He converses in Chinese with his grandchildren, seizing every opportunity to encourage them to master the language.

Hsia's The Exuberant Ginkgo Tree, a collection of 80 essays, was published in 2016. The Blossoming of The Red Plum Tree is Hsia's second book.

Hsia lives in Potomac, Maryland, USA with his wife, Heidi.

About The Book

In this eight-part collection of 64 personal essays, the author invites you to sample his life's journey. Through a series of stories, the author shares his appreciation for nature, his most memorable moments with family and friends, his love for the Chinese language and Chinese classic poems, his enthusiasm for popularizing science, his quest for healthy aging, his enjoyment of travel, and his fondness for good food.

Part I: Savoring Nature's Beauty

The author describes vividly the beauty of nature across changing seasons as well as his delight in immersing himself in the world of gardening through his involvement in the Master Gardeners' Program.

Part II: Reflecting on Life's Journey

The author reminisces about his youth: his carefree childhood, his formative adolescent and young adult years, and his blissful marriage with his life partner.

Part III: Believing Family Is Everything

"Family is not an important thing. It's everything," Michael J. Fox wrote. The author echoes the same sentiment through experiences and warm exchanges with his relatives, children, and grandchildren.

Part IV: Hunting for Literary Treasures

"書中自有黃金屋" (literal translation: One can always find dwellings made of gold in books.) is a tribute to scholarly works, for the rich knowledge and wisdom therein. The author shares his deep love of books, bookstores, and all things having to do with the written language, as well as his persistent efforts to memorize his favorite passages. The Internet in recent years enables the author to quickly find endless "golden dwellings". Also included are two short essays in Chinese written by his then-12-year-old grandnieces in Malaysia, showcasing the clear success of teaching Chinese to children as a second language.

Part V: Popularizing Science

The author has often sought to explain science to the non-scientist, to help readers understand scientific findings and appreciate their relevance and importance in everyday life. Vignettes about his scientific colleagues demonstrate the sheer joy in their shared passion for scientific exploration and discovery.

Part VI: Promoting Healthy Bodies

As a life-long learner, the author confronts common aging-related conditions as opportunities for further learning.

He describes his learnings in addressing visual and hearing impairments, and certain gastrointestinal issues. Models of positive physical and mental health practices are also of great interest to him.

Part VII: Stepping Out to See the World

While the author often prefers a simple and quiet life at home, once on the road, he immerses himself in the foreign and the unpredictable, as shown in seven essays describing his observations and unique travel experiences. At the conclusion of each trip, he invariably appreciates to have stepped out to see the world.

Part VIII: Indulging in Culinary Delicacies

The author is a close observer of the local Chinese restaurant scene. He has progressed from watching cooking shows to securing unusual ingredients, experimenting with new cooking tools, and evaluating "imitation" meat. Developing a palate to taste slight nuances in food is a favorite pastime for the author.

目錄

自序及感謝 1

第一章／園林篇 5

1-01 紅梅朵朵開 7
1-02 有關園藝的兩件大事 11
1-03 後院賞紅橋 15
1-04 我的師父 Len 先生 19
1-05 白雪紅橋冬正寒 27
1-06 芍藥開牡丹放花紅一片：閒談植物之識別 30

第二章／人生篇 33

2-01 開心童年：兒時記趣 35
2-02 從聖誕夜說起：「太平輪事件」七十週年記 . . . 43
2-03 「聯合國」歌：七十五週年 46
2-04 從「Lindenbaum」勾想起：在臺大那段日子 . . 49
2-05 天皇退位 63
2-06 台大機械系班信（2017-2019） 65
2-07 無巧不成書：「夏天裡過海洋」後記 70
2-08 快樂知多少 74
2-09 難忘的歌聲 82
2-10 天訂良緣 88

第三章／親情篇 93

3-01 返老還童：夢幻之旅 95
3-02 遲來的娃娃屋 100
3-03 行行出狀元：理髮大師林克先生 104
3-04 「問題不大」：賀表哥丁鐘旦教授九十高壽 . . . 108
3-05 婆婆的夏令營 110

3-06 雲淡風清話雲青........................ 115

3-07 寫給大姐夫趙炎武的信................ 120

第四章／文藝篇............................ **123**

4-01 大姑娘上花轎：出書記................ 125

4-02 塗鴉的心路歷程........................ 131

4-03 網上自有黃金屋........................ 136

4-04 從唱京戲說起：華府書友會回顧........ 143

4-05 書屋與書店............................ 150

4-06 雜趣四則.............................. 153

4-07 背誦詩詞受益多........................ 156

4-08 詞韻心聲.............................. 164

4-09 大江東去話東坡........................ 169

4-10 從「出水芙蓉」聊起.................... 176

4-11 鼠年化（畫）鼠........................ 182

4-12 親愛的安徒生爺爺...................... 184

4-13 我們要參加畢業旅行團.................. 186

第五章／科普篇............................ **189**

5-01 頓悟之喜悅............................ 191

5-02 喬治退休了............................ 196

5-03 讓我們都來觀看諾貝爾頒獎典禮.......... 200

5-04 吹皺一池春水：進城開會有感............ 204

5-05 「熵」.................................. 209

5-06 暗空.................................. 212

5-07 從溫室效應談談科技素養................ 215

5-08 北愛的意外收穫........................ 218

第六章／健康篇............................ **225**

6-01 萬紫千紅話明眸........................ 227

6-02 堂兄夏復權的養生之道.................. 233

6-03 鳥語蟲鳴話耳聰. 236

6-04 從冷水澆頭談到熱水器. 240

6-05 牽腸掛肚話（第）二腦. 244

6-06 十年揮一扇. 248

6-07 心身相連：如何頤養天年（Healthy Aging） 252

6-08 自做口罩. 255

第七章／旅遊篇. **259**

7-01 天涯海角北國行. 261

7-02 南非行. 269

7-03 從 Pho 說起：賭城風雲錄. 275

7-04 安徒生（Andersen）與葛利格（Grieg）. . . 281

7-05 巧思匠心在北歐. 288

7-06 華府七閒遊興深：北歐尋奇與探勝 292

7-07 難忘意大利：孫輩仿民歌. 297

第八章／菜饌篇／其他. **303**

8-01 菊黃蟹肥秋正濃. 305

8-02 肉非肉. 309

8-03 賞燈嚐新過聖誕. 311

8-04 洛城憶往：那些雜貨店和中餐館 316

8-05 趕上時代，網上買菜. 319

卷尾自跋. **321**

自序及感謝

我們的外孫小亮去年已經出了一本百頁的小說 *The Last Survivor*，他今年四月初又出了第二本書 *Spread My Wings*，而他只有十歲。我這個祖字輩的人到二〇一六年才出版了第一本散文集「蔚蔚乎銀杏」，真是望塵莫及。

常言道我們共有三個人生。第一個人生是求學時期，第二個人生是就業時期，退休後是第三個人生，這個時期最怕的就是不知道要幹什麼。好在我有了塗塗寫寫的樂趣，可能是回憶過去，或是因看了一本書、聽了演講、跟朋友交談、看了電視節目和電影，雖然沒有像外孫小亮那樣文思敏捷，卻也是有感而發。寫作不只是消磨時光有事作而已，寫作使我精神特別振奮，讓我找到了前進的目標，寫作又有點像一種心理分析，讓我發現了些意想不到的事，令人感觸良多。

意外收穫

在我寫了近百篇的文章後，忽然發覺我幾乎每一段的生活都寫了，但就是沒有寫一篇關於大學的片段，由我「快樂知多少」一文中分析的結果是我從小嬌生慣養，有母親呵護，一旦離開家上大學，一切都需自理，忙得不可開交很不快活，大概是下意識的避免提及那段生活吧。所以就硬著頭皮，面對現實，寫下了從「Lindenbaum 勾想起：在臺大那段日子」一文。

在「雲淡風輕清話雲青」一文，為舍妹雲青寫小傳

時，多次和她通話，才發覺以前我對她太不關心，她的許多事情我都不知道。這麼多年來到現在才知道舍妹在中學、大學時，不但功課好而且還是運動健將。中學時她在百忙中還替我燙校服。她為人謙虛，有隨遇而安順其自然的心態，我真是有眼不識泰山，使我格外佩服。也讓我反省到，自己實在有自我中心及自顧自的缺點，需要大大改進。

我一直有興趣寫些普及科學的文章，但是發現這類科普文章，不但需要正確，而且還要通俗化，要很有趣，才能引人入勝。我試著多用講故事的方式來寫，但還是須要多加努力。

一旦進入寫作的世界，就好像愛麗絲夢遊仙境，發現其中之樂、之奇、之深。發現寫作不只是需要知道如何表達，也要涉及到自己的人生哲學、對生命的態度、邏輯思考和推理、科學深知、和文學素養。這些都是寫作的基礎和素材。

自序及感謝

感激不盡

一路寫來多虧親朋好友的鼓勵和大力支持。太座二姐梅強民又再次幫忙，一年前就把精美的封面設計好了。太座的妹夫佟秉宇，和我一樣也是念機械的，但文筆極佳，還是中美論壇周刊主筆之一，是他鼓勵我務必要把「熵」這篇科普文章寫出來。小兒宇文在電腦操作上給了我大力的幫助。小女雯綺、外孫佳亮、和外孫女佳琪，在我「難忘意大利：孫輩仿民歌」一文中，為我寫了「仿我的太陽」一首英文詩。外孫佳亮在本書「後園賞紅橋」一文中，為我寫了一首英文短詩「紅橋」。

台大同寢室的于燕生，和我同船來美，2019 年七月我去加州拜訪他時，是他告訴也是同船的徐孝華來相見，也要謝謝徐孝華，讓我連絡上另外幾位船友，因而寫成了「夏天裡過海洋後記」一文。另外同寢室而又是台南一中同學徐賢強，每次傳給他稿件總是給予我多方的鼓勵和建議。也是同寢室的倪祖偉，供給了我們在台大十分珍貴的照片。在台大同班同學杜國治的建議下，才把關於台大生活的回憶一文，改為現在的標題。另一位同班同學陳令在我台大一文中，改正我們在大學的課程，應叫投影幾何，而非立體幾何。

一起在黎明中文學校，上朱殿蓉老師太極課的斯華齡說，他把我在報上登的「背誦詩詞受益多」一文，放在廁所內可以常常溫習，真是很大的榮耀。周濂在蒙郡圖書館服務時，介紹我去作了六年圖書館義工諮詢委員，有一天在大中華超市遇到她的夫婿斯寧，很高興知道他在報上看到了我的幾篇文章。想來大概有些朋友也有機會看到。家父在南京金陵大學同寢室的室友郭俊銥伯伯，他長公子郭譽熹的到訪，和同去拜望名作家於梨華，給我很大的的啓發。華府新聞日報李靜芳總經理在我投稿後，總是立刻會給我一個正面的回饋，對我的寫作是莫大的鼓舞，而且她的日報也是我發表文章的平台。

3

最要感謝的是勞苦功高的太座，她為我嚴厲的把關，有時最多退回近十次才能通過她的審查。她要我放鬆、放開、放心去寫出自己的感覺、感情、感想、和感悟。其實念臨床心理的她，就是利用修改我文章時，進行了一種心理治療，希望我能改變心態，因而才能寫出好文章。當然要謝謝她糾正了我的錯別字、倒裝句、和句與句之間的轉接詞。替我增加了形容詞，使描述得更

仔細而生動。她也是我的一字師，改動了一兩個字後，使得意思更清楚，文筆被微妙的轉換成很美，誠所謂的點石成金。另外一個很大的收穫是，因為對文章的切磋，增進了我倆心靈和情感的交流。

夏勁戈

二〇二〇年四月

自序及感謝

紅梅朵朵開

第一章／園林篇

玉骨那愁瘴霧，冰姿自有仙風。

北宋／蘇東坡。西江月　梅花

梅落繁枝千萬片，猶自多情，學雪隨風轉。

南唐／馮延巳。鵲踏枝　梅落繁枝千萬片

第一章／園林篇

酒未開樽句未裁，尋春問臘到蓬萊。

　　不求大士瓶中露，為乞嫦娥檻外梅。

　　入世冷挑紅雪去，離塵香割紫雲來。

　　槎枒誰惜詩肩瘦，衣上猶沾佛院苔。

　　清／曹雪芹　　紅樓夢「賈寶玉：訪妙玉乞紅梅」

　　這是清代曹雪芹名著「紅樓夢」一書中第五十回，寫寶玉、湘雲、黛玉、李紈等，進大觀園在蘆雪庵聯詩，寶玉說不會聯句，被罰到櫳翠庵妙玉處去取一枝紅梅來，不一回寶玉果然冒雪而去取了一枝回來。書中寫到：「原來這枝梅花只有二尺高，旁有一橫枝縱橫而出，約有五六尺長，其間小枝分歧，或如蟠螭，或如僵蚓，或孤削如筆，或密聚如林，花吐胭脂，香欺蘭蕙，各各稱賞」。但仍再罰寶玉作上述之「訪妙玉乞紅梅」七言律詩一首，詩中 挑紅雪、割紫雲 都是比喻折紅梅。

　　今年這裡的冬天幾乎沒有下過雪，二月中旬有好幾天氣溫甚至高達七十多八十度。二月二十日大清早陽光普照，我忽然福至心靈掀開窗簾一角，欣然看到後院梅園靠西邊的兩棵梅樹盛開，我們等了快十年的紅梅終於開花了。趕緊跑去園中觀賞，只見每株枝上雙瓣粉紅色的花朵怒放（見封面），就如紅樓夢書中描寫的一樣，真是使我大喜過望。梅園？紅梅？要講清楚這一切，還得從十年前說起。

我們家後院朝南，有大小兩個陽台。因為是木造的地板，太座每年都需恭親沖刷和塗油，不勝其煩，早就想換一種不用維護的材料。二〇〇七年初秋，秋高氣爽，太座和我在住家社區附近散步，走近她一位朋友家，見到陽台做得賞心悅目，非常喜歡。打聽之下原來還是一位華裔庭園設計師吳大維設計而建造的，於是就約好來我們家談談改裝陽台的事。

不久大維如約而至，談到將小陽台改建擴大，改用一種叫 EverGrain 有紋路而不需維護的塑膠和木材混合材料，太座並建議在小陽台朝南邊加裝長凳狀的平板以供休息之用。大陽台則改建為玻璃屋，東西兩邊各裝三扇窗可以通風，南邊裝四片大玻璃可以對南眺望。和大維談得很投機，他是一位庭園設計專家，建議我們將後院開發為一個小花園，可以坐在大小陽台上欣賞花花草草。這恰好深得吾心，我說我只有兩個要求：一個是園中要有一座中國式的紅橋，再就是順著地勢從東北斜向西南，下大雨時雨水可順利流出園外。後來又加了一項，那就是園中要種有紅梅和蠟梅。

沒多久小花園就設計好了。從二〇〇七年十一月動工，到二〇〇八年五月，共約半年後完工。園中央從東北斜向西南有一條乾溪，溪床用大小石卵鋪砌。溪上有一座中國式紅橋跨過，橋兩邊各有四跟木柱，柱上有圓球。扶手和橋面皆為拱形，橋面也是採用 EverGrain 木板。傾盆大雨時有溪水洶湧流經橋下，蔚為壯觀。自前院車道旁，有灰磚小徑通到後院小陽台，從小陽台有不規則的大石板到紅橋一端。跨過紅橋後，走過小石板就到了用小灰磚砌成的圓形露台。小兒宇文說我想把故鄉的景觀搬到小花園來。

小花園中除了紅梅（red plum）和臘梅（wax plum）之外還種了各種花草。例如在大小陽台之南種了玫瑰（knock-out rose）和黃楊木（boxwood），山茶花（camellia），及天竺（heavenly bamboo）。東邊種有在冬天結小小可愛紅果子的美洲冬青（winterberry）和在台灣常見的杜鵑花。南面靠籬笆處種了冬青（holly），雲杉（globe blue spruce），冬天變紅葉的楓樹（maple），及在蒙郡到處可見的紫薇（crape myrtle）。西邊則種了有淡黃色小花而醇香的月桂（laurel），有漂亮淡紫色的丁香（lilac），幾乎貼地的鼠尾草（sage）。在西南角乾溪的兩邊，種了夏天會向四方延伸約八呎的少女草（maiden grass）。

猶記得當時大維曾提起他的父母親是藝術家。幸好我保留有當年大維寫給我們的花園建議書，最近我赫然發現在首頁的左上角，他寫了父母親的名字是吳承硯和單淑子。我真是孤陋寡聞，原來吳先生和夫人是早期台灣有名的畫家，作品主要為油畫、水彩、及水墨畫、及瓷器上作畫再燒製的成品。他們夫婦倆還有一段佳話。據說他們是表兄妹，當年在重慶同時考上中央大學體育系和美術系就讀。因為要更就近追求，吳先生兩年後轉入美術系從一年級開始，他們都曾受教於名畫家徐悲鴻。當年他們倆結為連理還是徐悲鴻證婚的。怪不得他們的公子大維，獨具匠心為我們設計出這樣美侖美奐的花園。數年前曾把大維推荐給一位朋友，他去庭園設計公司詢問，可惜大維已回台灣了。

因為花園中種有紅梅和臘梅，再加上太座娘家姓梅，我們就命名這後院的小花園為「梅園」。今年欣見紅梅盛開，正好為我們慶祝金婚之禧，就再以一首梅花的

詩句結束本文。

　　年年芳信負紅梅，江畔垂垂又欲開。
　　珍重多情關伊令，直和根撥送春來。

　　　　北宋／蘇軾。　「紅梅」

（2017.03）

1-02 有關園藝的兩件大事

紅梅朵朵開

前言

筆者現為馬州蒙郡之義工園藝大師（Master Gardener）。每月有一個星期六從上午十點到下午一點，在 Brookside 花園的植物診所 （Plant Clinic）服務。義工園藝大師組織的宗旨，主要是推廣如何使園藝工作遵循環保原則，並能保護海灣和湖泊之清潔，而維護各地的生態系統，並傳遞最新園藝訊息。

在 Brookside 花園的植物診所服務時，花友們會問到各種各樣的問題，他們可能拿來一些枯萎的花草來請教對策。我們作義工的要靠自己的經驗、或當場查參考書、或上網站查詢資料，來解答他們的問題。所以平時特別關注園藝界的動態及最新詢息。近年來有關園藝方面發生了兩件大事，值得告訴愛好園藝的朋友們。

1. 氣溫變化

影響植物的生長有許多因素：氣溫、日照的時間、土壤的含水量、空氣的濕度、和地上結霜的天數、附近蜜蜂群的多少等，其中氣溫是一個十分重要的因素。

美國農業部將全國從北到南，從冷到熱，分為從 0 到 13，共有十四個植物抗寒區（USDA Plant Hardiness Zone）。每個抗寒區有其冬天平均最低溫度的範圍，每區又再分為 a b 兩個小區。例如：6b 區（−5 到 0 度 F），7a 區（0 到 5 度 F）。又例如：Fairbanks, Alaska 為

2a 區，Washington, D.C. 為 7b/8a 區，San Juan, Puerto Rico 為 12b/13a 區。

根據二〇一二年美國農業部的報告，Maryland 州 Montgomery 郡年平均最低溫度（華氏 0 到 5 度），要比一九九〇年的報告（華氏 −5 到 0 度）高出華氏五度。[一九九〇年的報告是根據一九七四到一九八六年的氣象數據，而二〇一二年的報告則根據一九七六到二〇〇五年的氣象數據。]

所以 Montgomery 郡多年來，因氣溫增加了華氏五度，就從植物抗寒區 第 6b 區，變為第 7a 區。雖然平均最低氣溫只增加了區區五度，但是確使得那些以前勉強可以存活的植物現在可以長得茂盛。例如：camellia（山茶花），gardenia（梔子花），Indian hawthorn（山楂樹），magnolia（木蘭），oleander（夾竹桃），spruce（雲杉）。所以這些較適宜溫帶的植物也漸漸出現在這裡的苗圃。

2. 植物命名及描述

為了要使一個新發現的植物之訊息能通過國際植物大會（International Botanical Congress）的審批，植物學家須準備包括學名（scientific name）及仔細描述（diagnosis or description）的申請資料。

早自一七五三年，瑞典的植物學家 Carl Linnaeus 就採用了植物二進制命名法 （Binomial Nomenclature）。此命名法是將學名分為兩部分：第一部分是 "屬"（genus），都為斜寫，而其第一個拉丁字母須大寫，例如：*Nandina*；第二部分是 "屬" 下許多特定的名字（epithet）

中的一個，都為斜寫和小寫，例如：*domestica*，是 *Nandina* "屬"下之一的 epithet。兩部分併起來成為一個物種（species）的名字：*Nandina   domestica*。

從一九〇八年起，植物的學名及描述，必須用拉丁文，學名仍沿用二進制命名法。但二〇一一年七月第十八屆的國際植物大會，將此國際藻類、菌物、和植物命名法規（International Code of Nomenclature of algae，fungi，and plants）作了重大的改變，並於二〇一二年一月一日正式生效。

新的法規規定新發現的植物其學名還是須用拉丁文，但是對此新植物的正式描述除用拉丁文外，現在也可以用英文。近年來很少植物學家能夠用很通順而準確的拉丁文來描述新品種，硬要他們這樣作是讓他們很費力費時的。因為擔心因環境的關係，有些新品種沒等到正式批准就滅種了，所以新法規的目的主要是要加快命名新品種的程序。

這項改變可真是園藝界百年來的大事。對植物學家來說提交新發現的文件要方便得多，而可以加速國際植物大會審批日漸增多新發現的植物。同時另外一項改變是：除了印刷書之外，在電子書上刊登的文件也承認是正式文件，更增加了傳播最新訊息的速度。

當然除了正式的學名之外，在美國也有英文俗名（common name）供喜愛園藝的大眾使用。例如： 我家後花園中有天竺，其拉丁學名是以前提到的 Nandina domestica，而其英文俗名則是（heavenly bamboo）；另外在冬天結小小可愛紅果子的冬青，學名是 Ilex verticillata ，俗名為（winterberry）；淡黃色小花而醇香的月桂，學名 Laurus nobilis，俗名（laurel）；有漂亮淡紫色的丁香，學名 Syringa vulgaris，俗名（lilac）；我們最珍貴的梅花，學名 Prumus cerasifera，俗名（plum）。

後語

作為義工園藝大師轉眼已七年多，雖然每次到花園植物診所來回一小時及服務三小時，費時又費力，但得益良多，樂趣無窮。一來是退休後還有機會講英文，不會連 ABC 都給忘了。二是可以從我的 mentor 藍 Len 師父及其他資深義工處學到許多園藝方面的經驗及回答問題的方法。另外我還可以遇到從各處來的花友。有華裔花友來訪之時，我可以用中文為他們回答問題。他們沒想到在植物診所中，會巧遇會說中文的義工園藝大師，格外驚喜。我們義工們每年都須選修有關課程，以增進園藝智識，用以應付花友的各種問題。這種腦力的訓練對我身心的健康幫助很大，怪不得至今興趣仍有增無減。

（2017.02）

1-03 後院賞紅橋

綠水紅橋夾杏花，數間茅屋似仙家。

主人莫拒看花客，囊有青錢酒不賒。

明朝／唐寅（唐伯虎）　　「題畫詩」

紅橋

　　二〇一七年十一月中旬，後院的紅橋終於整修成功。雖然沒有唐伯虎「題畫詩」中的綠水和杏花，鮮紅色的橋柱和扶手，迄立在秋末的陽光下，實在令人賞心悅目。談到後院的紅橋，一切還得從十年前說起。

　　我們家後院小花園，從二〇〇七年十一月動工，到二〇〇八年五月，共約半年後完工。園中央從東北斜向

西南有一條乾溪，溪床用大小石卵鋪砌。溪上有一座我特別要求的中國式紅橋跨過，橋兩邊各有四跟木柱，柱上有圓球。扶手和橋面皆為拱形。只有橋面採用 EverGrain 一種有紋路而不需維護的塑膠和木材混合材料。傾盆大雨時有溪水洶湧流經橋下，蔚為壯觀。從前院車道旁，有灰磚小徑通到後院小陽台，從小陽台有不規則的大石板到紅橋一端。跨過紅橋後，走過小石板就到了用小灰磚砌成的圓形露台。小兒宇文説我想把故鄉的景觀搬到小花園來。

近幾年來氣溫升高，火辣辣的太陽，曬得皮膚都覺得特別疼痛。我們家的紅橋可吃不消了，每年太座都辛苦地重漆。二〇一七年二月底，橋柱上八個圓球和底座，有三個已經裂開。扶手上的紅漆剝落得簡直是破落不堪。連找了好幾位工人，都不願意做。太座一直催我趕快想法處理，那知我這「慢郎中」，老是拖著，遲遲沒有動作。她這「急驚風」，也沒告訴我，就寫信給了當地英文報紙 The Washington Post 家園版（Local Living）解答問題（How To）的專欄作者 Jeanne Huber，請教良策。想不到很快在報上就得回應。二〇一七年五月十八日家園版以大標題「A bridge made of powder-coated metal will lead to less upkeep」一文，登出了太座的英文去函及她附上我們家那慘不忍睹紅橋的照片。Huber 女士特此請教兩位專家，並將他們的建議也登在報上。

Huber 指出，我們的橋柱和扶手用高壓處理過的木材並非全部防腐，因為防腐劑只能滲透進表面的薄層，而不能進到全部木材中，尤其在造弧形扶手的鋸和切的過程中，難免會把沒有防腐劑的木材部分曝露在空氣中，扶手還是會容易腐爛。為了一勞永逸，第一位專家

建議用鋼料，而另一位則建議用鋁料來造橋柱及扶手。然後兩位都建議用金屬粉末塗在表面，估價都是大約六仟伍佰元美金。

　　他們的建議都需化大價錢將橋柱及扶手拆了重造，我覺得用金屬造的橋會沒有木造的雅緻。深受十年重漆紅橋之苦的太座，雖然平時省吃減用，卻立刻主張要請專家重造成金屬的扶手。而我為了省錢和保持中國式橋優美的特色，決定不採用他們的建議，而是要自力更生。決心用我學理工的基礎，好好地整修這座橋。首先我在網上遍尋，終於找到在 DecksDirect 公司，可以買到用雪松木（cedar）做的和紅橋原來一模一樣的圓球和底座（wood ball top post caps）。於是我把八個圓球和底座全部換新，並把它們粘好後釘在橋柱上端。再就是用鋼絲絨和沙紙把剝落的紅漆盡量全部刮掉。用填充料把木上的裂縫密封。將橋柱、圓球和底座、及扶手，全部先塗上一層專為戶外而用的白色乳膠底漆，使得以後塗上的紅漆不易剝落。為美觀及防止紫外線，接著連續三天塗上三層紅色的戶外乳膠漆（Sherwin-Williams SW6868 Real Red）。紅漆罐子初打開時，漆呈粉紅色，塗上木料後變成鮮紅色。全部費用不到三佰元。太座和我共化了約三個星期整修和油漆，紅橋終於得以煥然一新，我們高興得站著觀賞了老半天。

　　我們的外孫小亮，今年小學三年級，從小就熱衷於寫作和繪畫。見到新油漆好的橋，有感而發，寫了一首短詩「紅橋」。經他同意，我就以他的這首 5-7-5 俳句結束本文。

ISAAC：夏佳亮

"The Red Bridge"　　　（紅橋）

The pretty red bridge　　（這美麗紅橋）

Sits over a small river　（跨越過一個小溪）

Gleams in the sunlight　（閃爍陽光下）

（2017.12）

1-04 我的師父 Len 先生

　　多年來在 Brookside Garden 的植物診所做義工，對我幫助最大的是園藝大師 Len 先生。什麼是植物診所和園藝大師？要說明這一切還得從九年前講起。

Len 先生

　　二○○八年初秋，太座大姐全家剛從我們家斜對面的房子搬到別州去，留給我一本厚厚的園藝手冊。她是本郡的義工園藝大師多年，對種花草很有學問和經驗。我那天閒來無事，順手拿起手冊來看看，真是包羅萬象。不禁想起家父畢業於南京金陵大學園藝系，曾設計建造公園於中國華中地區。搬去台南後，業餘時培育了百餘盆蘭花和許多盆栽，及在園中種了很多花草。我和舍妹在台南時，只注意念書和準備升學，沒想到跟家父學學種花，總覺得很內疚。現在既然已退休在家，想到何不學些園藝，多少也繼承些家父的衣缽，更可以接受學習新領域的挑戰。就立刻報名參加第二年初的義工園藝大師培訓班。

培訓班在馬州離博城家半小時車程的 Derwood 鎮上課，教室在外表像農舍的一所建築內。訓練時間選在冬天花事不忙的季節，從二○○九年元月卅日到三月六日，共五個星期，每星期二、三、五，從上午十時到下午三時，共計約六十小時。

　　課程包含的範圍很廣，兼顧基礎及應用，包含生態學（ecology）、植物學、土壤學、植物病理學、病蟲害之診斷、庭園設計、水質及節約、及如何查閱參考書籍和網站。課程是由馬利蘭大學農業推廣中心的教授、園圃業者、或資深園藝大師所教。主要教材是一本 655 頁的手冊，再加隨堂發的講義。

　　在課程上了約一半時，每位新生都分配到一位資深的園藝大師作我們的師父（mentor）。我的師父是 Len 先生，他退休前的專業是生醫工程（biomedical engineering），已有三十多年園藝方面的經驗，諄諄善誘，他確是一位很認真的指導老師。

　　每位 2009 年班的新生在上完六十小時的課及通過筆試後，就成為學徒（intern），但還需在 2009 年年底前在不同服務小組內，為社區服務四十五小時以上，才能得到園藝大師（master gardener）的頭銜。為了保持這頭銜，我們每年還需要參加十小時以上的進修課程，並為社區服務二十五小時以上。我起先加入的服務小組有：示範菜園、社區花展、和綠色環保展覽。發覺我喜愛原理而不喜動手，幸好我的師父 Len 先生建議我務必加入植物診所（plant clinic）服務小組，於是我跟隨

着 Len 先生多半在 Brookside Garden 的植物診所服務了八年，為居民解答園藝上的疑難雜症。仍然覺得自己還是個學徒，一直奮發努力，學習到了許多寶貴的知識和經驗，也終於找到最適合我興趣的服務項目。

在植物診所居民來請教花事時，Len 先生都先很有系統的詢問有關其花園的種種，包含環境、土壤、日照、灌溉等，然後才開始解答問題。他就像心理醫生一樣，在仔細問答之後，有時可以找出居民真正想問的問題。漸漸使我對他的背景、訓練、和解答問題的方法有所了解，就更是佩服。

Len 先生的外祖父和外祖母於 1904 年從蘇聯移民到紐約。從 1911－1914 在猶他州務農，後又搬回紐約開五金店維生。外祖父用 Yiddish 寫了一本二百頁的書。Len 先生找不到人翻譯全書，只翻譯了幾頁。他祖父從事地產業。父親在美國經濟蕭條時期高中沒畢業，從事成衣批發，專賣大號婦女毛衣。母親有地理 pre-Ph.D. 學歷，作大學講師。

Len 先生在紐約 Manhattan 出生，從四歲起就喜歡種花和種菜，從九歲到上大學之前，負責照顧家中前（10x10 呎）後（20x20 呎）院的花園。得紐約大學化工系學士，哥倫比亞大學碩士專攻生醫工程作人造腎臟的研究，博士學位實驗血液與人造內臟的關係。畢業後在紅十字會從事類似的研究和管理，發表了七十五篇論文和得到三項有關血液的專利。現已退休，從事各種社區園藝義工工作。

Len 先生是個對吃特感興趣的「怪人」。他吃一般人

不吃的東西，例如：蛇、鯨魚、馬、騾、水母（jellyfish）、海參、鱔魚；他比廣東人還敢吃一些奇禽異獸，例如：松鼠、蠍子（scorpion）、地鼠（groundhog）、浣熊（raccoon）、鱷魚、熊、犰狳穿山甲（armadillo）。真是嘆為觀止，我是服了。

近三十年來他照顧家中約兩畝地的庭院，種花草、樹木和蔬菜，特別注意日照、供水、和土壤。為了防鹿群侵害，庭院外圍造了兩道籬笆，外面的四呎高，裡面一道七呎高。

他常常參考的園藝書藉有:（1）Weeds of the Northeast by Richard H. Uva；（2）Manual of Woody Landscape Plants by Michael Dirr；（3）A Field Guide to Trees and Shrubs by George A. Petrides （Author） and Roger Tory Peterson （Editor, Illustrator）；（4）Field Guide to Insects and Spiders：North America by the National Audubon Society。我也買了這些書作為參考。

我商得 Len 先生的同意，把他注意的事項翻譯並加說明給讀者做參考。

庭院設計注意事項（by Len Friedman）

建造一個新的花園或更新一個老花園，其注意事項是一樣的。

A。初期的幾個步驟

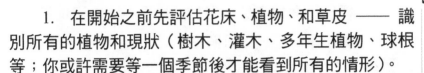

1. 在開始之前先評估花床、植物、和草皮 —— 識別所有的植物和現狀（樹木、灌木、多年生植物、球根等；你或許需要等一個季節後才能看到所有的情形）。

2. 分析所需 —— 是否需要改善隱避的現狀；是否需要給兒童和寵物留些玩耍的地方；花園是否需要用來聚會、野餐、和玩遊戲；是否需要種蔬菜、香料、藥草、和用來插花的花卉；是否需要考慮安全問題（灌木之高度、毒草、有刺的植物、可能會引起 Lyme 和 West Nile 病的叮人之昆蟲。）

3. 按下列優先順序去做 —— 去除枯萎、快要枯萎、及有病蟲害之植物；除掉不喜歡的植物；除去快速蔓延的植物和雜草；修剪花草樹木；決定要做的事（先規劃好花床的格式，再種植物）；決定那樣先做和那樣後做（總體的計劃極為重要，有可能要幾個季節才能做完想做的事）。

4. 考慮好你和你的鄰居，誰賠償整棵樹或樹枝倒下後造成的損失。

5. 考慮好你願意花多少時間來維護自己的花園。

6. 計劃好預算（以後數年內可能常需修改）。

7. 熟悉社區縣政府的規則和法令。

8. 什麼是自己喜歡的植物和花園的類型。

B。庭院整修前之準備

準備好庭院要整修地區的縮尺圖（scaled drawing）：

1. 包含房屋、走道、車道、露臺、水電瓦斯設施、籬笆、樹木、樹根、灌木、花床、地被植物（groundcover）、

和草皮。

2. 畫出特殊的景物，如大石塊等。

3. 標出地面的高低、侵蝕的地區、和乾濕地帶。

4. 標出下列區域：日照多於八小時、六到八小時、四到六小時、小於四小時。

5. 在圖上標示東南西北方向。

6. 務必請政府在庭院內標示水電瓦斯設施之位置。

7. 複印縮尺圖並開始整修庭院（考慮到以下 C、D、E 三部分所列事項）。

C。植物之選擇與種植的位置

1. 認清植物上之標籤說明。

2. 挑選合適之植物（跟據所需日照、濕度、大小、顏色等）。

3. 不要把植物種得太靠近（種植距離不要小於植物成熟後寬度之百分之七十）。

4. 考慮到植物是否適應當地的耐寒區（hardiness zone）（馬里蘭為第七區）。

5. 要在適當的季節種植（秋季一般來說是種樹木、灌木、和草皮的好時候）。

6. 盡量種植當地生長的植物，而非外國移植來的植物。

7. 不要種一排同樣的樹木或灌木。

8. 種植一兩株有特色的植物。

9. 一般來說，最好種植三棵、五棵、等同樣植物的樹群。

10. 群植（mass planting）一年生、球根、和多年生

的植物。

11. 混合種植不同高度、質地（texture）、及顏色的花卉。

12. 混種長青和落葉的植物。

13. 不要將喜水性和乾旱的植物種在一起。

14. 不要將喜酸性和鹼性的植物種在一起（喜酸性的植物應種在酸鹼度 （pH） <= 5.5 的土壤中；喜鹼性的植物應種在酸鹼度 （pH） > 7 的土壤中 ）。

15. 不要將色彩不協調的植物種在一起。

16. 根據土壤的酸鹼度（pH）選對適當品種的草種。

D。花園之維護

1. 除新草皮外，一週只灑一英吋的水。

2. 但不要放太多腐土（mulch）在樹木根部。最好用兩三吋厚大小的杉（fir）木塊，或雪松（white pine）塊等作腐土，而不要用著色腐土或橡膠腐土（因為它們不會充實土壤或添加有益細菌），可用石子來吸收和反射太陽光。

3. 用可把草切細的割草機，在割草時產生細草以做為腐土，用不要的植物做成堆肥。

4. 適時除雜草和修剪花草樹木。

5. 盡量少用化學藥品（包含殺蟲劑和化學肥料）。

E。其他重要事項

1. 計劃一個全年各季節都有花開的花園。

2. 利用硬質景觀材料，例如石塊、腐土、沙、乾溪河床、石頭裝飾品。

3. 從屋內和在屋外不同的角度來審視花園有否可改進之處。

4. 要知道樹木可以遮蔭而省能源及幫助隱避房屋和花園。

5. 處理好花園內有關水的問題（乾濕地區、積水處、侵蝕處、排水、利用滴水灌溉法、噴水系統）。

6. 種植鹿不喜歡之植物和架設防鹿籬笆。

7. 架構設備以防地鼠、浣熊、松鼠、田鼠、鼴鼠、蛇、和烏龜。

8. 種植當地生長的植物，要比培育的品種更能預防鳥類、昆蟲、和蝙蝠。

9. 送花園內的土壤去實驗室測試土壤之化學成分。

10. 根據測試的結果，添加配料以補充花園內土壤之不足。

11. 盡量減少草皮的面積。

結語：這些年來我受到 Len 先生的教誨，學到了認真而嚴謹的做事態度，及有系統的分析問題及解答。他的大處着眼，小處着手的理念，使我受益良多。

（2018.01）

紅梅朵朵開

白雪紅橋

雪霽天晴朗，蠟梅處處香，騎驢灞橋過，鈴兒響叮噹。

響叮噹、響叮噹、響叮噹、響叮噹。

好花採得瓶供養，伴我書聲琴韻，共度好時光。

　　這首【踏雪尋梅】是作曲家黃自，根據近代作曲家劉雪庵之詞創作的歌曲。今年（2019）一月十三日星期天，這裡下了超過十英吋大雪。第二天陽光普照，坐在玻璃暖房向後園望去，一片白茫茫中只見紅橋很顯眼地

跨過乾溪，非常賞心悅目。雖然橋邊的蠟梅還未盛開，但多已含苞待放，遠處彷彿傳來鈴噹聲，好一幅寒冬景色圖，令我不禁想起中學時就喜歡唱的這首名歌。

多年來一些下雪的情景如今還歷歷在目。記得一九四六年，抗戰勝利後第二年夏天我們全家自重慶到了天津。我需要走路到離家稍遠的法漢小學上課，北方的冬天常下大雪，路上積雪數星期不化，有時上學輪流由兩位同學拉著在雪地上滑行，到了學校後教室內又很冷，寫作文時為防硯台的水結冰，常常還須對着硯台哈氣才行，至今難忘。

在熱帶的台灣度過十二年青少年期，因為沒去爬過合歡山，所以一直沒有見過雪花。服完空軍預備軍官兵役後，於一九六一年初秋，來到美國印第安那州的 West Lafayette 城，在 Purdue 大學念機械系研究所。在學校附近租了一個閣樓小間居住，臨街有兩扇玻璃窗，因小間就在屋頂下，晚上睡在床上兩腳向上一伸就可碰到屋頂。同樓內住有好幾國的留學生，我們都在地下室的廚房內自己燒飯。此城在美國中西部的北面，入冬較早，有一天清晨向窗外望時，很驚喜的發現漫天飛雪，心情特別的激動，立刻奔跑下樓走到路中間，張開雙臂仰頭張嘴，讓片片雪花飄進嘴裏，清涼可口，這可說是十數年來第一次碰到下雪，令我興奮不已。

一九七〇年我們搬到了馬里蘭州東北的 Sykesville 城，因為地近修心理學博士的太座實習之州立精神病院，但卻離我服務的 National Bureau of Standards，簡稱 NBS （後改名為 National Institute of Standards and

Technology，簡稱 NIST））有四十英哩路。那年冬天有一日大雪，下班後雖然將汽車兩個後輪胎放上防滑的鐵鏈條，開了半小時還只走了不到兩英哩路，要開四十哩路回家實在遙遙無期，只好進了附近的 Holiday Inn 住一晚，趕緊告訴太座。因為旅館有彩色電視可看，那天晚上一點也不寂寞。

一九七二年我們搬到馬州 Potomac 城現在的住家。記憶中每年第一次下雪都是在感恩節後。最記得的是二〇一〇年冬天經歷了數十年來特別的大雪，那天雪下了一英呎半，再加上狂風，門前停車道上雪堆得兩三英呎高，幸好那幾星期我們的侄兒小凱來我們家小住，倒底是年青力壯，不過也花了他好幾小時才把車道清乾淨，其間縣政府的清雪車開過把車道出口又塞住，還需他再花大力將其打通。全部清好後已近黃昏，早已饑腸轆轆，我們全家開車去半畝園（A&J）飯店大吃一頓，替小凱慶功。一路上車輛稀少，我們可是興高采烈，享受行動自由的樂趣。

近年來因全球暖化，感恩節後不但沒下雪，連聖誕節時也常不見白雪紛飛，如果下雪，那多半要等到一、二月了。我的身體相對「嬌弱」，近幾年來都是由太座鏟雪，我卻得以安坐賞雪，最多只是偶而端點茶水，真是力不從心。這次碰到大雪，害她一連在兩天中鏟雪兩次，各花了兩、三小時，累得滿臉通紅。再過三個星期，橋邊的蠟梅將要盛開，如果再下大雪又遇上艷陽天，那正是應了【踏雪尋梅】的歌詞：「雪霽天晴朗，蠟梅處處香」了。

（2019.01）

1-06 芍藥開牡丹放花紅一片：閒談植物之識別

芍藥開牡丹放花紅一片，

艷陽天春光好百鳥聲喧。

我本當與駙馬消遣遊玩，

怎奈他終日裏愁鎖眉尖。

京戲「四郎探母」

鐵鏡公主 －西皮搖板

我在小學四和五年級時，家住天津市日租界萬全道。有一個民眾教育館就在住家附近，時有京戲演出。我和舍妹雲青常常跑去觀看，猶記得第一次看到的戲是「四郎探母」。北宋時與遼國開戰，楊四郎被擒，他把楊字改名木易，與遼國鐵鏡公主成婚。多年後四郎思母，終日愁眉苦臉，想要回家一見，雖然沒有啟口，但被公主識破，而讓他母子團圓一次。公主開場時所唱的這段戲詞，文句優美，情節感人，給我深刻的印象，所以一直記得這段戲詞。四月時我家前院粉紅牡丹盛開，讓我想起當年看戲的情景。但是也連想到如何識別各種花草樹木的挑戰和樂趣。

二〇〇九年初，我參加了六十小時有關園藝的培訓，由馬利蘭大學的教授和業者專家講課，通過考試及一年的實習，我就成為馬州蒙郡的園藝義工（Master Gardener）。我選擇為植物診所（Plant Clinic）服務，服務的地點在 Brookside Garden，在其遊客中心為市民解答園藝上的疑難雜症。

遊客會拿著花草或者是手機上的相片，請我們幫忙識別，然後告訴他們植物的名稱。這問題看似簡單，對我來說有時還真不容易回答。十年的義工服務，讓我領會到有下列數種識別的辦法：

紅梅朵朵開

　　（一）全靠經驗。

　　有經驗的義工若自己種過、或曾經見過這些花草、或解答過類似問題，當然很快就可以說出名字來，例如常見到的天竺（heavenly bamboo）、紫薇（crape myrtle）、山茶花（camellia）、黃楊木（boxwood）等。三年前一位義工告訴我說，她參加了一個世界資深園藝義工組織，並示範給我看，她若用手機傳送出一張花草的照片，大約十五分鐘後她手機上，就接到其他義工傳來花草名字的答案，這種同好的互相幫助，倒是十分有效。

　　（二）上網搜索。

　　要不然就需從網上，用逐漸縮小搜索範圍的方法而識別出來。譬如說先從遊客帶來花草葉子的形狀開始，葉邊的齒是何形狀，葉子在莖上的安排，是對面對的，還是承螺旋狀等；莖的顏色和橫切面；及其他細節。最後比較而推斷出答案，蠻需要點時間的。

　　（三）用手機軟件。

　　最快速而還很可靠的方法是利用手機軟件，這要感謝太座台北一女中校友園藝高手徐企雋的夫婿潘華陸。

潘先生也是一位園藝高手，他介紹給我兩個非常方便而有用的手機軟件（app）：一個是「PictureThis」英文軟件，另一個是「形色」中文軟件。兩者都是用手機啟動軟件後，靠近要知道名字的花草或另一手機上的相片照相，軟件利用貯存的數據及模式識別法（pattern recognition）找出答案。「PictureThis」會顯示三個英文花草的俗名和拉丁文學名，通常第一個就是我們要的答案。「形色」則會顯示一個中文花草的俗名及其拉丁文學名。為了確認答案的對否，你可以將收到的答案，輸入馬利蘭大學的網站 HGIC（Home and Garden Information Center），看看顯示出的花草是否和遊客拿來的花草一樣。有時中文軟件分辨得更細緻，例如英文的 peony，中文中有牡丹和芍藥之別；英文的 rose，中文中卻有薔薇、玫瑰、和月季之別。

用手機軟件的方法，不僅解決了我在植物診所服務時的一大難題，而且每當我在各處美麗的花園裡漫步，看到不知名的花草，就立刻用手機軟件查出名字來，不但增加園藝知識並平添生活情趣，大家在日常生活上也可以充分利用這個高科技的方法。當然植物病蟲害的診斷與治療，和其他有關植物的疑難雜症，比我機械本行要困難多了，是我退休生活中要大大努力的地方。

（2019.05）

第二章／人生篇

人生得意須盡歡，莫使金樽空對月。

　　唐／李白。將進酒

兩情若是長久時，又豈在朝朝暮暮。

　　北宋／秦觀。鵲橋仙　纖雲弄巧

第二章／人生篇

2-01 開心童年：兒時記趣

前言

我們的外孫小亮和外孫女佳琪就住在附近，雖然他們家中現成的玩具幾乎堆積如山，卻極為喜歡動手做各種好玩的東西，例如摺紙飛機、用硬紙板造有門有窗的房子、用大紙箱做帆船、用硬紙做皇冠、及用黏土做猴子等，並玩得不亦樂乎。不禁想起自己，卻在那個烽火連天的亂世中生長，絕少有買來的新玩具，陪伴我的大多是自做的玩具、和自己發明的有趣的遊戲，但仍然能帶給我很多難忘的回憶。

自做玩具樂趣多

抗戰勝利後隔年，一九四六年夏天，我家住在天津市萬全道上一幢二層樓的房子內。共四家分住樓上樓下，我們住在二樓。樓上兩家中間靠窗處有一塊空間，我就用裝修房子剩下的大小木塊堆成龐大的軍艦來玩。有如外孫現在用 Lego 塑膠塊，搭出非常複雜而逼真的輪船來。我那時還用長方形小木片，一頭削成尖形，另一頭剪出一個缺口，用一小塊肥皂嵌入。將這小木片放在水面上後，木片會神奇的向著尖端方向駛去。後來才知道這是一種物理現象，肥皂在水面漸漸融化，其向後的擴散力（diffusion）產生反作用，有點像火箭的原理，把小木片推著向尖端方向前進。

一九四八年夏天，北方戰火漸起，我們只好向南遷往上海。我們住在南市（現為黃浦區），住家陰暗狹窄，

我們常在屋外玩耍。我和同學們自做「單孔照相機」：用一個小紙盒，前面開一小孔，後面再開一方孔，放上買來的感光紙，可以照出模模糊糊的相片來，和後來的一次性照相機（disposable camera）很像。我也做過兩種用來惡作劇的玩具：一種是「竹槍」，用一頭有節的細竹筒，在節中央開一孔，把紙弄濕了揉成一團塞於孔中，再用筷子紮上布條做成活塞狀，塞進竹筒沒節的一端，用力一推，可將紙團打得很遠，打到人也很痛；另一種是嚇人用的，把硬鐵絲彎成半圓型，用兩個橡皮筋及中有方孔的銅板，將橡皮筋轉緊連銅板一併包於厚牛皮紙內，別人一打開，銅板轉動打在牛皮紙上發出聲音，好像有個昆蟲在內一樣，常嚇得人大叫，實在是很調皮的舉動。現在回想起來，可能那時是窮則變，變則通，而自尋其樂吧。

一九四九年初，時局緊張，我們全家再次搬家到了台南，也正巧趕上在進學國民小學念六年級下學期，後來又上了台南二中初中部，及台南一中高中部，終算過到了多年安靜的生活。初中時我自己做過兩個玩具，一個是小「坦克車」：用一個中間較細兩頭大的木線筒（spool），將兩頭刻成齒輪狀。把橡皮筋穿過線筒中心，橡皮筋一頭穿過一小截細棒，另一頭穿過珠子的孔，把一根竹筷穿在珠子外面。然後一手抓住線筒，一手旋轉竹筷，把橡皮筋轉緊，小坦克車就做成了。將車放在地面上，鬆手後，因為轉緊的橡皮筋給了動力，車就會向前滾，遇有障礙物時，因為有兩個齒輪狀的輪子，車就像真的坦克車一樣，爬過障礙繼續前進；另一個玩具是「彈珠板」（有一點像日本人玩的 pochinko，一種賭博遊戲。）：在一塊平木板上不規則的釘上一排排的長釘子，釘子並不完全釘進木板內，留有一英吋半在外面，木板

的一端寫上一到五的數字，然後將木板的另一端架高，使木板傾斜。要比賽時把彈珠放在高的一邊，彈珠就會隨意的滾下，掉到不同數字的地方。一人一次可滾五個彈珠，以總分高的為贏。若是用大的木板，可釘上更多的釘子，寫上一到十的數字，就更好玩了。現在外孫小亮倒有點像我，會利用各種花樣給自己找樂趣。

現成玩具憶往昔

　　有的雖然是現成的玩具，但是因為得到時的時間和地點特別，所以一直都還記得。抗戰逃難時，從香港經桂林、柳州、貴定，才到了貴陽日本已宣佈投降，一九四五年初秋我們才到戰時的首都重慶，勝利後大家都搶着還鄉，交通工具缺乏，我們就暫時在重慶住下。以前的房客留下一個舊洋娃娃，眼睛可開可閉。不像現在外孫女有十幾個各式各樣的洋娃娃，那時我和舍妹雲青兩個土包子，可是生平第一次見到洋娃娃，搶著抱它真是愛不釋手。

　　我們一九四六年七月終於得以離開重慶。乘木船東下還都。直從巴峽穿巫峽，三峽風光非常壯觀，驚險。到了宜昌換船至漢口，許多船隻停靠漢口碼頭，在小攤上我買到了一付粗橡皮筋彈弓和一袋豆子。小時玩皮，整天拿著彈弓把豆子打到兩邊船上取樂。大概是抗戰勝利後的喜悅和興奮吧，家父母也沒有責備我。

　　在漢口換乘輪船經南京到上海，然後再坐海輪去天津。戰後大家都興高彩烈的充滿了希望，覺得從此可過太平的日子。在天津父母親欣然給我買了一輛玩具吉普車，和當時在街上看到的美軍吉普車模樣極像。車長兩

英呎，除輪胎外車身都是深綠色。前面的擋風窗可以向前倒下。有帆布的車頂可向後折起，或撐起後將全車坐位蓋住。車後有一個備胎。駕駛座前有方向盤。因為四個車胎太像真的，我一直還以為它們是橡膠做的，後來才知道原來是木頭的。我實在非常喜歡這輛車，百玩不厭。最近多次上網，很失望再也找不到類似的吉普車了。

從天津搬到上海後，我和惠真小學的同學們喜歡收集小畫片，就像現在小孩收集棒球畫片一樣。小畫片是一套一套的，有不同的故事，例如：泰山歷險記、西遊記、封神榜、紅孩兒、金光聖母等，以塗有金粉的最珍貴，捨不得丟我都帶去了台灣。後來出國後，大概家母清理家時給扔掉了，就好像捨棄了一段童年，實在可惜。

趣味活動意難忘

一九四一年底珍珠港事變後，我們自香港逃往桂林，和很多家庭住在月牙山對面的一個大院落內，可能離有名的七星岩很近。我還去半山腰的幼稚園上過課，後來轉到國立廣西中山小學上一年級。聽母親說名作家白先勇小時也在同一班。後來報載據白先勇說，演翠翠的影壇紅星林黛（程月如），當年也是和我們同班。在那段較為平靜的生活裡，母親教我們養蠶和小白兔。我和舍妹去院外採桑葉、洗淨和擦乾，很興奮的看著幼蟲漸漸長大，吐絲結繭。我們還養了兩隻小白兔，紅眼睛尖耳朵，活潑可愛，餵它們洗好擦乾的青菜，看著它們跳來跑去的，我們高興得拍手大叫。現在想起來，在桂林的那段時光，彷彿在亂世中，生活在世外桃源一樣。

我在天津念法漢小學，這是一所由法國天主教和中

國合辦的學校。中學和小學在一起，校園很大，學校設備很好，有木偶戲院，還有科學室。還記得當時的靜電實驗：用手碰摩擦過的圓盤，頭髮都豎了起來，實在是一個難忘的體驗。

在台南上初中時，常和同學和隣居下各種棋類，計有白雪公主棋、陸軍棋、和海陸空軍棋。我們都是玩暗棋，也就是將棋子反過來佈置在棋盤上，兩棋子相碰後翻開來比較，以順序優先的棋子吃掉對方。白雪公主棋的順序是：白雪公主、（和七個小矮人）博學、快樂、怕羞、生氣、噴嚏、貪睡、和啞子。陸軍棋的順序則是：總司令、軍長、師長、旅長、團長、營長、排長、和士兵。海陸空軍棋最為複雜，棋盤很大，有陸地、有海洋、和機場。除了陸軍的棋子之外還有飛機、大礮、和軍艦，一盤棋可以下很久，大家吵吵鬧鬧的玩得很開心。

後語

年長後童心未泯，看到喜歡的玩具還是會買來把玩。一九八一年去德國柏林出差，市中心有一座有名的KaDaWe 百貨大樓，遊客可在其六樓品嚐到各種美食和甜點。在那裡吃了一客冰淇淋後，就到其他各樓閒逛。走到一家玩具店，在櫥窗內赫然見到一輛漂亮的中國式小三輪車。車長十英吋，寬約三吋，車身為黑色。座墊和車蓬是紅絨做的，車蓬可放倒在車後或撐起蓋住座墊。車龍頭、踩車人的坐椅、及輪子的鋼絲多為銀色。有煞車把手可將前輪煞住，前輪還有擋泥板。轉動腳踏板時後面兩個車輪也可跟著轉動，車鏈條上並裝有護鏈板。一切做得唯妙唯肖十分可愛。雖然那時美金很值錢，從德國的馬克折算後還要美金五十元一輛，但是實在太

喜歡了，就硬下心給買了下來。如今看到我還珍藏著的這輛三輪車，彷彿自己又回到了 KaDaWe 享受吃冰淇淋呢。

一九八七年我在威尼斯旁的 St. Georgio 島上一個古老的寺廟中開會。威尼斯在意大利的東南方，是一個可愛的城市。和蘇州相似，市內有許多小運河，橋也很多。交通多靠水運，有公共汽船、計程船、和小龍舟（gondola）。我在著名的聖馬可（St Marco）教堂方場附近的玩偶店，買到了一個二十英吋高的 Pinocchio 木偶，它的四肢都可轉動，頭戴一頂圓錐形的帽子，有一個長長的鼻子，想來它剛剛撒過謊了。我小時候看過迪士尼卡通片「木偶奇遇記」（The Adventures of Pinocchio），那是根據意大利作家 Carlo Collodi 寫的童話拍的，最記得的是一隻會講話的蟋蟀（Jiminy the talking cricket） 是木偶的「良心」，故事生動緊張，情節猶歷歷在目。看到這個木偶，也勾起我對威尼斯這水鄉澤國無窮的回憶。

二〇〇四年九月初我將從美國去台南探親。在去台南之前，我查知成功大學中文系的王三慶教授，將為四年級和研究院的學生開始講「紅樓夢」，並同意我去旁聽。我在台南的兩個星期他將先作總體的分析，所以要求選修的同學在暑假期間先念完此書。很巧的是前兩三年，在紅學大師王乃驥先生的指導之下，我們讀書小組每月聚會四小時，逐回研讀「紅樓夢」，已快要念完全書。我在台南兩週，正好趕上兩個下午的課，得益良多。王三慶教授很高興和很感動，我能不遠千里而來上他的課，去他那裡「取經」，特別送給了我一本他研究「紅樓夢」的博士論文。在成功大學校園時，我抽空去逛了合作社，看到一尊關公的像。約十二英吋高，卻手拿十一

英吋長的青龍偃月刀，金色的柄和銀色的刀。赤臉黑長鬚，頭戴金冠紅球頂，身穿金色與青色的盔甲及紅褲，足蹬黑色皂靴，氣度非凡。王三慶教授現為退休榮譽教授。我現在珍藏的這尊關公，雖然和紅樓夢無關，但是因為是在旁聽此課期間所購買，因而會讓我回憶起那段聆聽王三慶教授講課的美好時光。

　　我很高興自己一直都保持一顆童心，享受各種玩具帶來的樂趣和甜蜜的回憶。

（2017.03）

三輪車

關公

2-02 從聖誕夜說起:「太平輪事件」七十週年記

紅梅朵朵開

　　二〇一八年聖誕夜,我們祖孫三代及附近的親戚,共約二十人在寒舍晚宴。我作了拿手的煙燻火雞和鐵板干貝,太座則準備了為火雞配套的菜饌,親戚們帶來了冷飲、熱粥、和甜點,大家歡聚一堂非常熱鬧。但這卻不禁令我想起一部激勵人心的老電影「美好人生」(It is A Wonderful Life)。

　　劇情是說男主角喬治因他主持的公司營運困難,在聖誕夜喪失了對生活的信心及願望,準備在橋邊跳河自殺。幸好上帝派了一位守護天使,來幫他渡過這個危機。在天使的指引下,喬治看到了如果拋棄自己的生命,他可愛的子女,及一些親人的生命會變得空虛和痛苦。他由此明白了自己生命的價值何在,決定重新鼓起了生活的勇氣。

43

　　一九四九年舊曆年前夜,兵慌馬亂時 全家在上海,就如同有位守護天使來幫我們渡過了生命中的危機。

救命大衣

　　一九四八年中我們全家從天津搬來上海。隔年初,國共內戰時局吃緊,許多人開始南逃。父親任職的鹽業公司安排同仁搬去台灣。家父建議讓他先去,一切安排好後再來接我們。家母受了抗戰時逃難分離痛苦的教訓,堅持全家一起去。人多船位不夠,大家每天都焦急的等著。

　　一天家母心血來潮,說是台灣天氣暖和,自己沒有

一件薄的春大衣，在這兵慌馬亂之際，家父居然陪著家母去了城中心的百貨商店採購，我們三個孩子則留在家中等待。忽然有人敲門，原來公司的總務負責人拿來了五張太平輪的船票，說是明早開船，要大人決定去不去。因為家父母不在，這位負責人就把船票給了對門一家的大人，他們也是一家五口人。家母買了大衣回來，得知此事懊悔不已。對門一家高高興興的於第二天清晨搭船去了。

再隔一天中午，樓上的伯母不斷地向家母恭喜，說大難不死必有後福。原來太平輪出黃埔江轉南後，在舟山群島附近，與貨船建元輪相撞雙雙沉沒。情況悽慘，打撈上來時，有些還是全家緊緊抱在一起。據說是輪船超載，又因為是慶祝小年夜，船上大副可能導航失誤，才使得這條只有兩千噸的船，在霧中與大貨輪相撞。真是亂世的悲劇，人的禍福真是瞬間的事。我們在舊歷年後，終於搭上了八千噸的中興輪，平安地到達台灣基隆港。家母這件大衣好像是天使送給我們家的救命大衣，它保全了我們全家的性命，讓我能在台灣渡過安穩的青少年時期，受到良好的教育，再到美國深造，成家立業。如今才能有兒孫承歡膝下，看着兒女的臉上充滿了青春活力，孫輩們天真無邪，其樂融融，慶幸不已。

後記

我在一九九六年寫過一篇文章題目是「糞車是我們的報曉雞 --- 憶上海」。我的堂兄家住深圳但常去上海。二〇一八年初他去上海時，把我「憶上海」這篇文章交給了「上海灘」雜誌的編者。這本雜誌主要是刊登跟上海有關懷舊的文章。編輯部的馬小星先生收到我的文章

後，把前半篇文章精簡，有關差點坐上太平輪部分多半照登，文章的題目則改為蠻醒目的「為買大衣躲過太平輪之刼」，而將這篇編改過的文章登在該雜誌二〇一八年六月的 388 期的「申江漫憶」部分。

紅梅朵朵開

同年七月底堂兄轉來馬先生給他的電郵，電郵中說：【夏勁戈「太平輪」一文雖短，影響卻不小，被好幾家文摘報轉載。編輯部接到一位老人來電，說當年他有個親人也在這條船上，他想找「太平輪」的作者打聽一些情況。請問我們該如何回答這位老人？】 可惜我所知道的都已寫在文中，但想來太平輪失事近千人，定有數不清痛徹心扉的故事。建議這位讀者去網上查看遇難者的名單及其他詳情，希望他能繼續尋找到更多資料。

今正值太平輪事件七十週年，是為之記。

（2019.01）

2-03「聯合國」歌：七十五週年

　　抗戰中期 1941 年底，我們家從香港往重慶方向逃難，先到廣西省桂林住了兩年，再往柳州、金城江，再到貴州省都勻、而貴定，我們在貴陽時，1945 年八月十五日，日皇宣布日本無條件投降，八年抗戰終於結束，貴陽市大家狂歡，大街小巷到處都是人，晚上遊行過後，路上留下些走脫的鞋子。之後我們才到達陪都重慶，所以我對於抗戰勝利後，那段在街上狂歡的情景印象深刻。

　　後來才知道在日本投降前，1945 年六月二十六日在美國舊金山，參與世界二次大戰的五個主要國家（中、美、英、蘇、法）和世界上另外四十六個國家共同簽署了聯合國憲章，顧維鈞代表中國參加了憲章簽字。五十一個國家並決定聯合國於當年十月二十四日正式成立。聯合國的宗旨是維持世界和平及安全，發展國與國之間的關係，和促進國際合作以解決國際上有關經濟、社會、文化、及人道上的問題。

　　但是好景不常，五年後因共產主義的擴張引發了韓戰，到一九五三年結束。兩年後美國認為共產主義威脅到整個東南亞而發起越戰，拖了二十年到一九七五年才停。再五年後伊拉克因領土之爭侵略伊朗，而引起伊朗和伊拉克之戰，打了八年於一九八八年才結束。美英政府為了要阻止伊拉克繼續支持恐怖份子，而有了二〇〇三年到二〇一一年的伊拉克之戰。其間大大小小的戰事層出不窮，再加上網絡戰、貿易戰，世界似乎永無寧日。又遇上天氣暖化，導至旱災、水災在各地不停發生。最近非洲和亞洲又有蝗災，新冠肺炎肆虐全球，人心惶惶

彷彿末日將至，多麼期盼這些災難早日結束。

回想到抗戰勝利後，我們住過天津和上海，因避內戰遷居台南，在那裡念台南二中初中部時，正逢聯合國成立五週年，音樂老師就教大家唱下面這首「聯合國」歌，歌曲嘹亮，歌詞充滿了期待和希望，至今難忘。

「聯合國」歌
[蘇] Dmitri Shostakovich 作曲
[美] Harold J. Rome 作詞
李士釗 譯詞

太陽與星辰羅列天空，
大地湧起雄壯歌聲。
人類同歌唱崇高希望，
讚美新世界的誕生。
聯合國家團結向前，
義旗招展。
為勝利自由新世界，攜手並肩，
為勝利自由新世界，攜手並肩！

而今的新冠肺炎，因為帶病毒的人在沒有發病前也會傳染他人，所以疫情才會傳播得如此的快而廣，一百多個國家都受到感染。近日世界衛生組織宣布新冠肺炎為全球大流行病，各國就更加認真處理疫情，美國接著宣布全國進入緊急狀態，馬州及地方學校開始採取隔離步驟。女兒家和我們家也開始短期隔離，幸好我們還可

以用電話和手機視屏連絡。這個疫情使我們更覺察到地球實在很小而脆弱，大家都是息息相關的。衷心的希望人類不要再自相殘殺，要像歌曲中所說的，大家攜手並肩團結向前，為人類的福祉而努力，給子孫帶來一個和平安康的世界。

（2020.03）

第二章／人生篇

紅梅朵朵開

前言

德文的 Der Lindenbaum 過去常被中文和日文翻譯成菩提樹，其實應該翻譯為椴樹，學名為 Tiliaceae。本文所寫的椴樹就是前人寫的菩提樹。

井旁邊大門前面，有一棵木椴樹。

我曾在樹蔭底下，作過甜夢無數。

我曾在樹皮上面，刻過蜜語無數。

歡樂和痛苦時候，常常走近這樹，常常走近這樹。

「椴樹」（德文 Der Lindenbaum）

詩句：德國 Wilhelm Mueller　　中文譯詞：佚名

作曲：德國 Franz Schubert （舒伯特）

上星期在地下室偶然翻到一本藍色封面的書，原來是一本五百多頁的德文教科書（First Book in German）。裡面我寫了：勁戈購于臺灣大學，四七。九。卅（民國四十七年九月三十日，即公元一九五八年），N.T. 36.00（新台幣三十六元，相當於美金一元。）。是我大學四年級開學後，為了選修第二外國語買的教科書，書中的德文字母都用古體法書寫，例如德文小寫的 f 和 s 幾乎長的一樣，非常難以區別。在上德文課期間正好有一部德國電影在台北上映，大家都在教授的建議下去看了，電

影名可能是【Der Lindenbaum 椴樹】吧。「Der Lindenbaum 椴樹」也是電影中唱的一首歌，第一句德文歌詞是：Am Brunnen vor dem Tore, Da Steht ein Lindenbaum （井旁邊大門前面，有一棵木椴樹。），我現在還會哼這首歌。我是公元一九五九年畢業於國立臺灣大學，算來到今年正好畢業六十年，是該回顧一下當年那些歡樂和痛苦的時光了。就讓我從高中畢業那年說起，憑著記憶，盡量仔細記錄一下當年大學生活中的點點滴滴。

高中

我高中念的是台南一中。高一和高二時，同屆三班都念同樣課程。高三按要考大學的科系重新分班：念理工的在高三甲班，我就在這班；文史的在高三乙班；要念生物的在高三丙班。高三的課程因而各班有些是不同的。因重新分過班，所以大家認識的同學很多。

因為我在台南一中高三那年的成績很好，所以高中三年總成績，我大概是我們這屆一百五十位同學中的第二十幾名。台南一中是南部的名校，師資極佳，學生也非常努力學習，因此考取各大學的人數很多，所以保送直升大學的人也不少。高三期末有一天在台南東北區的「台南工學院」（現為成功大學）招我去決定有關保送直升大學的事，那天我到了其教務處，發覺我班上的同學張君毅兄也在那裡。原來那時還只剩一個為台南一中保送的名額，為了省事就叫了我們倆人都同時去，就好像美國訂機票的 double booking。結果因為張同學高我一個名次，而他決定接受保送，我就只好回家揮汗準備升大學的入學考試。

入學考試

當年臺灣各大學錄取率不高，當時的入學考試分兩種：（一）所有公立大學舉行聯合入學考試。全省各地都有考場，同一天舉行考試，學生報名時就須填好想要進的大學及其科系，按志願的先後順序填妥。因為我的第五志願是建築系，還須參加術科素描考試，就是畫左手握拳後張開大姆指和食指後的形狀。（二）私立大學可自行決定考試的地點和時間。我主要的目標是參加公立大學聯考，而不參加在聯考之前任何私立大學的入學試。所以在私立大學中，只參加了聯考後舉行的東海大學在台中的入學考試。

我們理工科的大學入學試有：三民主義，國文，英文，數學、和理化五科。那年暑假大學入學考前，我在台南美國新聞處圖書部，借到一本國父孫中山先生的英文演講稿。此稿言簡意深，生動有趣而引人入勝，可能因而三民主義入學試，我考了七十五分。還有因為我平時對文言文很有興趣，再加上高中國文課戴貞元老師，教學認真，下課後並免費教大家論語和孟子，因此國文科入學試考了六十分。這兩科的分數在入學試來說算是很高分了。我這個考理工的，數理成績平平，反而靠非理工成績，考進了第一志願臺灣大學的土木系，想來是選錯了行。關於大學放榜的事有個小插曲。那時大學聯考正式放榜是在報上刊登被錄取學生的姓名和准考證號碼，但是在頭一天晚上收音機內會報出考取學生的名單。那天晚上因為太晚了我們全家都先睡了，對門家父的同事吳宗詠伯伯家睡得較晚，他們在收音機內聽到我的名字，趕緊敲門告訴這個好消息，我們全家都高興得睡不著了。接著就要打理行裝準備北上入學。後來東海

大學也考取了，但就放棄入學許可，要不然五年後未來的太座考進東海唸了外文系，我們就成為先後的校友，並可號稱"一等夫妻"了。

我除了高二暑假參加過野營大隊，在台中霧社山上露營了兩個星期之外，在進大學之前，在台灣不曾離家過夜，也沒有遊覽過其他城市。所以這次來臺大入學，是第一次單槍匹馬北上到台北市，也是第一次進臺大校園，真像是鄉巴佬進城，也好像紅樓夢小說中的劉佬佬進大觀園，一切都覺得好奇又惶恐。

校園

臺大校本部座落在台北市南面，校門警衛室朝西，面對羅斯福路四段。由校門開始，從西到東，寬大的椰林大道貫穿整個校園，大道兩旁椰樹聳立，樹下並種了各色杜鵑花。大道的北邊從校門開始由西到東是：一排臨時教室的平房、總圖書館、工程大樓、和機械館；臨時教室的北面是大操場，再過去是僑生宿舍；工程大樓的北面是男生第五及第六宿舍，後面是市民的住宅區。大道的南邊從校門開始由西到東是：紀念傅斯年校長的傅園、接着是女生宿舍、文學院大樓、理學院大樓、辦公大樓、合作社/理髮室、農學院、和實習工廠；辦公大樓前是傅鐘，鐘聲是我們上下課的信號。大道再向南是一片稻田、墳地、男生第七及第八新生宿舍、和山丘打靶場。

大學一年級

每個新生入學之後都有一個學號，共有六個數字， 我的學號是 4451xx：44 代表入學年數，民國 44 年

（1955）；51 代表工學院和土木系；xx 是我在土木系班上的編號。這個學號一直用到畢業，就是轉了院系也不變。

紅梅朵朵開

記得大學一年級的課程有：國文、英文、微積分、投影幾何、物理、化學、中國近代史、和軍訓。全校新生不管院系，國、英文都按入學考試的成績分班，每科約二十班。我的國文被分到正數第二班，英文則分到倒數第二班。怪不得我的英文至今還是不靈光，一個句子多半用 主詞--動詞--受詞 簡單的形式來寫，不敢多變花樣。中文則游刃有餘，隨便寫都不怕出錯。舍妹雲青僑居馬來西亞，最近和她通話，才知道她大一國文和英文都被分到正數第一班，這些年來我真是有眼不識泰山，多年後才佩服她到五體投地。

黃大受教授講的中國近代史非常有趣，就像聽故事一樣。投影幾何是由留德國的關永山教授來教，這門課對我以後在美國念研究所及作事時的設計繪圖工作很有幫助；同學對關教授建議大家購買德國精美的繪圖儀器印象頗深，其中的鴨嘴筆很特別，沾了墨水後轉動螺絲帽可以調整線條的粗細。因為在高中時各科都是念中文教科書，所以在臺大，對物理和化學兩門主要重頭課用厚厚的英文本，感覺負擔很重，十分吃力。我常想假如在大一前有一年的先修班就好了，那樣可以幫助高中學生適應升上大學的過程。

男生一年級時多住在第七和第八宿舍，我住在第八宿舍。每個房間有四個上下舖可住八人，並有四張書桌和八把椅子，非常擁擠，不適合唸書。圖書館也是人滿

為患，需要搶佔座位，而且像菜市場一樣人聲吵雜，不能靜下心來作功課，只好自帶柸燈翻窗進入臨時教室，插燈唸書。舍妹雲青說她們大一時住在校本部，一房住十二人；上大二後唸會計系遷去城中心上課，那邊的宿舍是大統艙，一房住二十人，她卻沒覺得怎麼難受，真是比我能隨遇而安。

我們早餐的伙食是花生米和稀飯，大家都買美軍人造黃油（margarine），放在稀飯裡來增加油水，常感飢腸轆轆。宿舍近山丘，我們上課時需要走過稻田和墳地去到臨時教室，黃昏時回來有些怕怕的，有的同學不小心還會掉進田裏。我們軍訓打靶場就在山丘附近，我們曾用步槍打靶，步槍開槍時有很大的後座力，使得托槍柄的右肩膀非常酸痛。那時並沒有戴護耳，幸好練打靶的次數不多，因而聽力沒有受到傷害。教官表演過打機關槍給我們看，靶子是長條形，上有許多高高低低的靶心，機關槍可以連續發射，教官需將槍從左到右並上下移動以對準不同的靶心，蠻不容易打準。

第二章／人生篇

暑假開始不久，家父一位土木工程師朋友到我家拜訪，說起他的工作需要上山涉水，日曬雨淋，非常辛苦。家母一聽，深怕我從土木系畢業後工作要太吃苦，一定要我轉系。她聽話的寶貝兒子，立刻開始辦理轉系手續；幸好工學院每一系的大一課程都一樣，所以很快就轉為機械系。可見當時父母命令對我影響力之大，而且表示當時進大學前並無人指導如何選系，對各行職業的要求和責任也毫不瞭解。

大學二年級

　　大二開學後我就是機械系的學生了。我們這屆分兩班：甲班是家在台灣的學生，乙班是海外來的僑生，一共將近一百人。開學後系辦公室替大家到日本訂購計算尺（slide rule）。拿到新計算尺時大家都很興奮，計算尺放在一個咖啡色的皮套子內，尺長十二英吋，寬二吋，中間三分之一是尺可以滑動的部分。尺是 SUN-HEMMI牌，F6 No. 259 型。皮套內部印有我的學號，我還用原子筆寫了「機械 夏勁戈」，因為那時還沒有電腦，這把計算尺是當年念機械系時用來計算的主要工具。很多同學拿到後就把它繫在褲子皮帶上，很神氣地挶著它"招搖過市"，這把計算尺我現在還保存著。

　　大二課程記得的有工程畫，我們用丁字尺及三角板畫垂直和平行線，用圓規畫圓弧。本系剛畢業的林穎珠女學長作我們的助教，她要求很嚴，圓弧與直線相交處要不露痕跡，否則她會在圖上相交處畫上紅圈，用以警告。她是她機械系班上唯一的女生，後來這位女助教，在美國自創和航空有關的公司，頗有建樹。熱傳遞課則是頗新的學科，由一位年輕的講師來教，上課時他喜歡戴美國流行的坤士帽，他有時面對著我問問題，害得我很緊張，其實他是要隔壁的同學作答。陸志鴻教授教我們材料學，還記得他用一根金屬棒磨擦轉動的沙輪，根據產生火花的顏色，可以判斷出金屬棒的化學元素；陸教授是留日的，他來上課時，就像在日本的習慣用一塊花布包紮他的筆記和課本。材料力學的謝承裕教授是陸教授的女婿，戴一付無框眼鏡，有非常溫文儒雅學者的派頭。他用的教科書是有名的蘇聯學者 Stephen Timoshenko 所著。我一直記得這位作者名字的原因是這

本書中有許多極其艱深的數學，給大家吃了不少苦頭，不少同學也因此需要重修這門課。

大二起我們六位朋友一起住進第六宿舍二〇五室，計有：化工系的于燕生、徐賢強、周俊釗，機械系的趙祖慶、夏勁戈、鄧國楨。除鄧兄來自香港外，其餘五人都來自台南。每間宿舍房間住八人，其他兩人不記得是誰了。浴室大統艙在一樓盡頭，好像不供應熱水。洗衣服可能包給女工。母親把我的薄棉被兩頭用兩條寬白布包住，每兩個月拆掉一條白布，這樣每一學年只需要大清洗一次棉被。

大學三年級

大三的課程記得有工學院院長鍾皎光教授教的兩門課：一門是蒸汽圖（steam phase chart），因為知道蒸汽的性質後，對發電、貯存能量、和農業等很有幫助；另一門是教我們如何自己做計算尺，有了一個數學公式之後，教我們如何在空白的計算尺上畫刻度，有了參數後可以用此計算尺算出各種答案。鍾教授上課會寫很多黑板字，都是叫同學來擦黑板，自己則用帶來的小刷子仔細的清刷自己的手指甲。還有一門經濟學，現在只記得兩點：一是供應和需求決定市場的均衡價格和均衡產量；二是貨幣要流通才能刺激經濟，例如一塊錢如果經過五個人的手，就等於五元在市場上，而如果把錢放在塌塌米下面，則對經濟一點好處都沒有。大三時可能分成幾個專業組，好像有製造、材料、和航空等，同學們開始分別上自己專業組內必修的課程。因為二年級後有留級的、轉學、和退學的，學生人數減少，所以大三時甲乙兩班合為一班。

大三時要選的課沒有大一大二時多，比較有空。黃昏時我開始兼任家教，教姐弟兩位初中生。她們家在永和區，我需要騎腳踏車跨過淡水河的支流去教課。她們的家長很客氣，每個月底都會按古禮，用長信封上寫「束脩」二字給我薪水。我大學三年級時，舍妹雲青也開始上大學，我因為有家教的薪水，父親不用再寄零用錢給我，因而減輕了家中的負擔。

　　除了應付上課、讀書、和料理生活以外，我的大學生活並不多彩多姿。我跟同學冬天去東門圓環吃過一次狗肉，說是可以暖和身體。男生餐廳裡飯多菜少，有時我們就跑去僑生宿舍邊上的小吃舖去打牙祭，也算是個享受。我們班的杜國治同學，在校外辦了一次舞會，是我記得的唯一的一次參加舞會。據杜國治很生動的回憶說：「當我們上臺大的那個年代，正是校園風氣開始大轉變的時候，從一個用功讀書，沉靜單純的環境改變成開放活躍的風氣，其中最明顯就是“舞會”的盛行。文法商學院的同學，課業的壓力沒有太大，女同學也多，他們領先舉辦舞會，推廣開放校園交際的活潑風尚。但我們理工科同學，一方面課程繁重，無遐課外活動，另一方面也沒有女同學，當時女生也十分保守，初高中還是男女分校從小沒有男女交往經驗，所謂“男女受授不親”，要與男同學勾腰搭肩跳舞，觀念還沒有改過來，談何容易，所以尋找舞伴是一個大問題。我平日沈默寡言，又是本地生，上完課後就回家，很少與同學打交道，但自認還精於舞術，大三時我看大家課業壓力減少，就自告奮勇舉辦了一次舞會，更自動先“教”大家各種舞步。不意被趙祖慶調侃為“杜大班”，始料不及，哭笑不得，不久大家畢業，各奔東西，舞會這事風消雲散。」

周俊釗帶我們去臨時教室聽了幾次古典音樂唱片欣賞會，我要感謝周兄讓我養成了欣賞古典音樂的習慣。于燕生和趙祖慶忽然欣賞起文學院一位清秀溫柔的羅同學，我自己沒有女朋友可以相約在杜鵑花下，卻陪太子讀書，陪他們去聽了幾次中文系的詩選課，想不到搬到華盛頓地區後，有幸能參加此地「詩友社」的活動，繼續培養我對詩詞的喜好。我還去歷史系旁聽過幾次名教授沈剛伯講希臘史，沈教授鼻音很重，但他講課時非常引人入勝，多年後我到希臘去旅遊，終於得以親眼見到這個西方古文明國的人文和風景。

　　郭俊鈵伯伯是家父南京金陵大學的同學，並同住兩人一間的宿舍；家父唸園藝，郭伯伯唸化學並曾創辦香茅油及如意肥皂等公司；我出國留學時幸虧郭伯伯借我二千四百元美金的保證金，及時幫忙我得以留學；他們家離臺大西北方不遠，我到大三後才有空多去拜訪，都深受光珣郭伯母熱情的招待。他們有兩男四女六位可愛的孩子，我驚見孩子們可以爬到父親頭上玩耍，在我們傳統的家來說真是不可思議。老大的小名叫熹寶，從小就很成熟，講話頭頭是道，他來美後住在德州，他在中文報上看到我的文章後，常和我在電話上討論，對我的寫作有很大的鼓勵，上星期他來華府參加同學會，多年後得以再相見暢談，真是一大樂事。

大學四年級

　　大四一開始，二年級物理系的倪祖偉和森林系的張依仁搬來我們寢室。可惜我和張依仁一直都沒有連繫，但我和倪祖偉最近才經由住在我家不遠處他弟弟倪祖傑而連絡上，知道他曾在台灣數個大學作過物理系教授和

系主任。

　　我在大四時上過德文課，對後來繼續深造及就業很有幫助。來美後在 Purdue 大學修博士學位時需通過一門外國語，其要求可以是通過考試，或者翻譯一篇跟我研究有關的德文論文，我選擇翻譯一篇用德文寫的「用熱綫法測耐高溫材料的熱傳導率」，因為有了德文跟底，不久就能通過了德文的要求。後來在美國國家標準與技術院作事時，去德國 Berlin（柏林） 和 Braunshweig（德國標準研究院所在地）出差，能懂得德文，對在德國短暫的生活幫助很大。

　　大四時我們需要作學士論文，陳令、羅景芳、和我同在一小組。論文題目是「表演用風洞之設計與製造」，羅榮安教授是我們的指導教授，他也是台灣科學館的館長。準備論文時，羅兄負責計算，羅兄、陳兄、和我負責設計，陳兄管製造，我還幫忙和論文有關的文書。結果為論文做好的風洞被放在科學館內展覽和示範一段時期，好不得意。更可貴的是當陳兄在館內短期的服務時結識了後來志同道合的另一半，陳兄曾設計星象儀投影器及變焦鏡頭、高速遙控光學印表機、高速光學電子計算機的打字機、數位複印機、光碟機、和光學掃描機。陳兄的手藝特佳，他最近幾年共做了二十五個小型的豎琴，現在經常在家附近的醫院中彈豎琴給病人聆賞；羅兄曾在美國大學航空系教書；我曾在華盛頓航空與太空博物館作過五年的義工解說員，為參觀者說到風洞時我可以講得頭頭是道。鄧國楨的論文是做電鍍金屬，畢業後在香港創辦電鍍金屬錶帶工廠，真是學以致用。

四年級時覺得大學生涯就快結束，急著除讀書外找些樂趣。大家去看了「真假公主」電影之後不知道女主角是俄羅斯的真公主還是假公主，就由我起草，寫信給有名的影評家「老沙顧影」，居然不久就收到了他的回信，真是讓我們喜出望外，回信是洋洋灑灑的五頁信紙，但是看完信後大家還是不知道他的答案。趙祖慶真是多才多藝，他參加了台北市政府舉辦的「台北市公共汽車路線圖設計」比賽，他也參加了廣播電台舉辦的世界地理常識比賽，我們在收音機上聽到了他回答各國首都的問題，很為他驕傲，趙兄地理知識特別豐富，似乎預測後來他一生週遊列國足跡遍及天下。畢業前我們覺得校內有些角落沒有「到此一遊」過，因而相約到校門警衛室屋頂上、女生宿舍、傅鐘前、理學院、農學院花圃等處照相留念。可惜現在這些相片都找不到了，幸好最近收到倪祖偉保存多年我們同寢室八人在傅鐘前的相片，相片中每人都年青英俊，眼神中對將來充滿了希望。

暑假

　　在臺大每個暑假我倒是沒浪費時間。大一暑假回台南學英文打字。大二暑假到台南南部的高雄機械公司實習，學習機械製造的程序：看工程圖、作木模、翻沙作沙模、灌鐵水、畫線、車工、磨平。大學三年級暑假，全班同學一起去「台中裝甲車（坦克車）維護工廠」實習。裝甲車數個引擎裝在車後，引擎為放射狀星型安排，就同小螺旋槳飛機的發動機一樣，我們實習主要是學習維護裝甲車的引擎。大四畢業暑假後開始服預備軍官役。

感悟

　　正值畢業六十年之際，回顧和整理一下大學這段經歷和心路歷程。我從小嬌生慣養，一直都是家母細心照顧我們的生活起居，進大學後一切都要自理，覺得非常辛苦。那時自顧不暇，教授講課後，我沒有時間仔細推敲和溫習，總覺得並沒有學到什麼東西，可幸的是學到許多基本概念，並知道終生學習的重要，對以後的深造、就業、和退休生活有很大的幫助。最珍貴的是和室友及同學們成了終生的好朋友。室友于燕生從初中起就認識，他和我同坐渝勝輪飄洋過海來美國，那段旅程我在二〇一六年出版的「蔚蔚乎銀杏」書中曾詳細描述過；室友徐賢強作我的伴郎我和室友都一直保持聯絡，可惜同班同學羅景芳和室友趙祖慶於二〇一八年仙逝，非常令人悲痛。羅兄也是我台南二中初中時的同學，初二時並曾一同代表二中參加市露營。趙兄則是台南一中高中時就同校，再加上在臺大同一寢室並同班，在一起的時間很多。羅兄謙虛的微笑和趙兄豪爽的言行，時時都浮現在我心中，我將永遠懷念他們。

（2019.04）

臺大傅鐘前

（倪祖偉提供）

上排：趙祖慶

中排：鄧國楨、于燕生、倪祖偉

下排：周俊釗

徐賢強、張依仁、夏勁戈

2-05 天皇退位

我於一九五九年六月由臺大畢業。那時每個大學畢業的男生，都須先服約兩年的兵役，及在這兩年內能通過留學考試後，才能出國深造。我九月才開始服役，所以就先從台北回到台南家中，並準備留學考試。為了準備英文，我生平第一次參加了補習班。補習老師用的教材是時代（TIME）雜誌內的英文文章。第一篇就是日本皇太子明仁和美智子結婚的新聞。婚禮隆重華麗，讀得津津有味。可惜我雖然如此賣力，第一次的留學考試卻沒考取，只好先去當兵，等第二年再考，但老把考試失敗掛在心上，父母親也一再叮嚀不要忘了抽空念書。

同年九月初，我在東港開始了空軍入伍基本訓練，營區在大鵬灣空軍幼校的隔壁。東港鄰海，在日據時代是「日本海軍水上航空隊」的基地，聽說日本的自殺飛機就從這裡起飛。在三個月的基本訓練結束後，一九五九年十二月我開始在岡山「空軍機械學校」，接受五個月的專科訓練，主要是學習維護噴射戰鬥機之「技術手冊」（Technical Order，簡稱 TO）。我們上課學飛機發動機的詳情、油壓控制系統、和整個飛機的結構。專科訓練結束後，這才官拜空軍少尉，分發在南部屏東「空軍供應區部」服務，區部的任務主要是維修當年各式噴射機。

一九六〇年在區部服務時請假外出，再去考了留學考試。考完後就把這事給忘了，直到有一天在區部中山圖書室看報，赫然發現留學考放榜的名單上有我的名字，真是喜出望外，高興得拿著報紙就往門外跑，害得管理員追出來把報紙要回去。幸好後來申請到美國印地

安那州 Purdue 大學機械工程研究所的研究獎學金，趕上於一九六一年秋天入學。來美後一直對日本天皇的新聞特別有興趣，遇到日本來的同事也常向他們探聽天皇的動靜，知道明仁天皇對魚類學的造詣很高，並曾發表過數篇學術論文。

時間過得真快，轉眼間已是幾十年後，我們住在美國馬州蒙郡，在 Washington Post 國際版內居然看到日本明仁天皇因健康原因，將於本月（四月）三十日退位，然後由他長子德仁皇太子於五月一日繼位（將改年號為令和）。並登載道：明仁天皇在他結婚三十年後，於一九八九年登基為天皇，年號平成，時年五十五歲；身為天皇一愰又是三十年，今年（二〇一九年）他於八十五歲時退位。距離我在台南讀到時代雜誌中那篇他結婚大典報導後正好六十年。明仁天皇是日本兩百年來的第一位在活著時退位的天皇。日本近兩百年有五位天皇，四位活到二十一歲到六十九歲就去世，只有明仁的父親裕仁天皇活到八十八歲。所以明仁天皇是日本兩百年來，第一位在位時自動退位的。近年來因為醫藥發達人多高壽，加上天皇養尊處優，活到九十或百歲以上可能性很高，看來以後的天皇慷慨讓位給年輕的下一代會是常事，自己正可以乘此機會安享晚年。

（2019.04）

紅梅朵朵開

前言

我們台大機械系這一屆於一九五五年入學,而於一九五九年畢業。從一九六七年起,本班開始每年底,每位同學寫一封信報告自己一年來的近況,寄給當年的主辦人,由他編輯後經電子郵件傳給居住在台灣、香港、菲律賓、加拿大、和美國的同學們,到二○一九年已連續了五十二年,十分難得。再加上兩三年一次的大小聚會,使大家更能一直保持密切的聯繫。最大的一次聚會是二○○九年我們畢業五十週年,由在台北的薛興成精心主辦,我們在台北慶祝,又去了福建武夷山旅遊,非常熱鬧,舍妹雲青也從她的居住地馬來西亞,趕來參加共享盛舉。今將最近三年自己寫的班信錄之於下,以作紀念。

<u>2017 年班信</u>

景芳兄嫂及各位學長、嫂夫人:

謝謝景芳兄主辦這次班信。

二○一七年九月初,正平兄的親朋好友、同學、同事、及同好,齊聚 Los Angeles 追述他豐富的一生。在此我特祝正平兄在天之靈安息,並請慧英嫂節哀。多謝永綏兄,費時費力的籌辦了這次特為溫馨的同學會。

十月中旬，我陪太座去 Las Vegas，參加她北二女初中同學會。她們都深深覺得因馬齒加增，體力都大不如前，要主辦和參加大型的同學會愈來愈困難，就一致決定「化整為零」，把每兩年一次的大聚會，改為不定期地區性的聚會，也就是說某一地區若有小聚會就通知全體同學，住在他處的同學若有可能，也可共享盛舉。

六月中旬和小兒全家去葡萄牙，參加我表哥長孫，一個別開生面的婚禮(destination wedding)。三天的慶祝，多半在一個大古宅中進行。婚禮則在附近一個廢墟中舉行，照出來古色古香的照片，特別好看。然後去了葡國的南海岸，天氣奇熱，只好黃昏出來觀光。附近中國餐廳的老闆說，去觀光的華人遊客極少，我們還是六月的第一批。

祝大家新年如意！

夏勁戈、梅強國　敬上

2017.11.30

<u>2018 年班信</u>

宜忠兄嫂、各位學長及嫂夫人：

謝謝宜忠兄主辦今年的班信。

景芳兄走的太突然了，實在令人十分悲痛。他和我同在台南二中初中部就學，初二那年我們代表學校，參

加在台南公園的市露營。他是烹飪高手，讓同小隊的同學都吃得很過癮，當時的情景猶歷歷在目。後來他去了高雄中學，直到台大才又得見面。大四那年他和陳令兄及我同作風洞的畢業論文，五十九年後的今天我還保留著這份論文。

今年很特別，我和太座去了中國大陸、台灣、丹麥、挪威、和瑞典，見到了許多親戚、同學和朋友。

今年三月底四月初，我們和小女祖孫三代六個人，去了北京/西安。在北京那一天，本來是要上午去參觀頤和園的，但被迫改成下午，原來早上北韓的首領也要去遊園。

六月底七月初，我們和小兒祖孫三代及親家母共八人，去了台北住在南昌路和羅斯福路交會處。親家母每年夏天都帶孫輩去國語日報暑期班學中文。太座和我有幸能和老 Y 兄、正明兄及慶芳兄，有了一個溫馨的 mini-gathering.。七月五日老 Y 兄請客，我們在仁愛敦化路口的春申食府，享受到一頓上海美食，並交談甚歡。在台北另一個收穫是在公寓樓下遇到了理髮大師林克先生，手藝特佳。以後你們若有機會去台北，可以試試到南昌路二段 198 號的喜美男士燙髮店，去享受林克大師的手藝。

八月底九月初和朋友去了北歐三國（丹麥、挪威、瑞典）。最大的收穫是到了丹麥童話故事名作家安徒生的故居（在 Odense）。博物館中還陳列了「人魚公主」「安徒生童話故事全集」的中文譯本。

隨信附上今年一月十三日，在此地作家協會兩年一次的新書「蔚蔚乎銀杏」發表會上演講時的照片。

在此先給大家拜個早年，
祝大家身體健康、萬事如意！

夏勁戈、梅強國　敬上

2018.10.29

<u>2019 年班信</u>

楊公、各位同學及嫂夫人：

謝謝楊公主辦 2019 年，也是我們畢業六十週年的班信。

隨信附上今年四月所寫回憶台大生活的文章，題目是：

【從「Lindenbaum」勾想起在台大那段日子】。我要謝謝杜國治兄建議將原來的題目：（從菩提樹 ----）改掉，因為不要得罪佛教信徒，再加上德文 Lindenbaum 應翻譯為椴樹，而不是前人翻譯的菩提樹。還要謝謝陳令兄指正，我們大一的課程應是「投影幾何」，而不是「立體幾何」。

今年七月初我和太座去加州參加她嫂嫂八十大壽慶典。七月十日中午，在洛杉磯附近 Laguna Woods 城的「正一」中餐館，我們和親戚及于燕生夫婦共進午餐。于燕生是和我、趙祖慶兄、及鄧國楨兄共住在台大第六宿舍 205 室的室友，于燕生也是一九六一年八月中旬和我同坐渝勝輪一起來美的船友。快要進餐時，忽然一位男士走到面前自我介紹，原來是物理系同屆的徐孝華，他也是五十八年前同船的船友，相談甚歡，真是令人喜出望外，因為徐兄，我能聯絡上近十位船友，實在難能可貴。

祝大家新年快樂、身體健康！

夏勁戈、梅強國　敬上

2019.12.05

紅梅朵朵開

2-07 無巧不成書:「夏天裡過海洋」後記

　　崆峒方道至湘湖,萬卷詩書看轉愚。
　　踏破鐵鞋無覓處,得來全不費工夫。

　　　　南宋詩人:夏元鼎　　「題壁二首」(其二)

　　今年(2019)七月十日星期三,太座和我及她的妹妹、妹夫、妹夫的兄嫂、加上于燕生夫婦共八人,相約在加州洛杉磯附近 Laguna Woods 城的「正一」中餐館共進午餐。于燕生是我台南二中初中同學,在台灣大學住同一寢室,我們還是一九六一年從八月十三日到九月二日同一條船來的美國。我們坐的渝勝輪從高雄港經琉球及日本,漂洋過海於三星期後到達加州洛杉磯旁的 Wilmington 港。他夫婦倆現住在 Laguna Woods 城中的退休村,村中一共有兩萬居民,其中有五百位華人。

　　我們在餐館剛坐定,忽然有一位男士走到面前,自我介紹說他是徐孝華。這塵封在記憶中多年的名字立刻湧入腦中,原來他也是五十八年前同坐渝勝輪來美的同學,是同屆台大物理系的高材生,年年得書卷獎。這真是絕大的驚喜,做夢也想不到的能在此相遇。就好像南宋詩人夏元鼎詩中所述:「踏破鐵鞋無覓處,得來全不費工夫」。看到徐孝華就好像回到在輪船上的日子,二十出頭的小伙子,人頓時覺得精神得多。他也住在退休村,是于燕生的麻將牌友,前幾天從于燕生處,得知我會在此聚餐,特別趕來相會,太令我喜出望外了。他並帶來

了一本他一直珍藏的「渝勝輪第八十六次航行，主管人員及赴美同學通訊錄」，我一直沒有印象我們居然有這本通訊錄，這實在是非常寶貴的文件。

一九六〇年代，台灣有好幾艘貨輪，加裝船位給同學們赴美留學之用，船票約為飛機的三分之一。我們坐的渝勝輪就是其中的一艘，它從台灣高雄港出發經琉球、及日本的大阪和橫濱，橫跨太平洋到美國加州。我於二〇一六年九月由 Amazon 經銷的散文集《蔚蔚乎銀杏》（The Exuberant Ginkgo Tree）中，就包括了「夏天裡過海洋」一篇，仔細紀錄了這段旅程的細節。不過其中有些疑點，就因為這次和徐孝華的巧遇，得以找到解答。

根據徐孝華保存的通訊錄，當年在台灣高雄港上船的應該是二十一位男同學和七位女同學，後來船到日本橫濱港時又上來了兩位女同學，所以共計為三十位男女同學赴美留學。

還有難能可貴的是，得知因為船友曾開明二〇一六年的一封信開始，五十八年後，三十位船友中，現在可以聯絡上的船友竟然有十二位：曾開明、徐孝華、齊家旦、王敦菁、陳立家、魏端、白紹康、陳季鎬、楊炳麟、羅漢新、于燕生、和夏勁戈。

我在「夏天裡過海洋」一文中曾寫道，在離開高雄港後的第十七天，船在太平洋中已快到美國加州，那天清晨齊家旦同學腹部極為疼痛達兩小時多，嘴部發抖，眼淚直流，狀極痛苦，由兩位護士同學照顧，以為可能是盲腸炎，吃了 Aureomycin 抗生素，並用冰鎮腹部。

船長打出求救信號，一艘相距不遠的日本 Kyozumaru（京下丸）及舊金山港府，收到 SOS 電報都回電說療法正確請繼續。四天後渝勝輪到達加州 Wilmington 港，我們想來齊家旦下船後會被送往醫院檢查治療，但並不知真情如何。這次能連絡上齊家旦後，他告知當年到港後他要等移民局的醫生上船來檢查，並確定他沒事後才准他下船，他說經過這麼多年，也生過幾次極為嚴重的大病，但都和以為是的盲腸炎無關，也許當年是誤診，解了我一個多年來的大謎。

我在文中還寫道：到了洛杉磯後，一位同船女同學的表哥帶我們去參觀了 Hollywood Bowl，覺得非常壯觀。這次能連絡上幾位船友後，我問其中唯一的女同學王敦菁，那位女同學是不是她。她說她現在記性非常不好，當年她的堂哥是去了洛杉磯碼頭接她，所以很可能是她堂哥帶我們去參觀的。那大概是我今生唯一的一次參觀 Hollywood Bowl。

1961 渝勝輪上

今年（2019）七月十日真是一個特別的日子，從那天起讓我和多位五十八年前的船友能再連絡上。我也非常希望見報後，一九六一年渝勝輪其他的船友及你們的

親戚朋友，能經由報社和我連繫，盼能早日再重溫我們
的青春歲月。

　　真箇是：

　　　　渝勝跨洋五八年，巧遇船友徐孝華。
　　　　加州相逢誠可貴，歡天喜地話當年。

　　　　　　　　　　　　　　　　（2019.08）

2-08 快樂知多少

「久旱逢甘雨，他鄉遇故知，洞房花燭夜，金榜題名時。」是古人公認為令人雀躍的四件大喜事，而不是描寫一種較長時期的快樂心態。除了特別的喜事以外，我個人倒有一個簡單而直接的方法來測量我日常生活中快樂的程度。

大致說來我一生經歷可以分為三個階段：求學、就業、和退休。每一個階段我都有應該作的事，也就是「正事」。「正事」是：求學時我要上課、作家庭作業、溫習和複習功課、準備考試和升學；就業時我要上班、作實驗、寫研究報告、發表論文、開會宣讀論文、參加有關會議；退休後自由一身輕，好像沒有必須要作的「正事」了。

我的經驗是，我因為快樂，我才會有心情和餘力去作「正事」之外的「雜事」，所以要知道我在生活中快樂否，只要看看那個階段我是否作了些「雜事」。什麼是「雜事」呢？例如：求學時在學校參加課外活動，放學回家後作自己喜歡的嗜好；就業時參加國內和國際的科技組織，平時在社區作義工活動，參加不同的社團；退休後雖然沒有了「正事」，但是我也要是快樂之後，才能作任何其他有興趣的事，因而更加快樂。現在就讓我來仔細的回憶一下我在求學、就業、和退休這三個階段，哪些時候是因快樂而作了那些「雜事」。

抗戰中期我家從香港逃難先到桂林，我上國立中山

小學一年級，環境優美我很喜歡，每天中午大家在學校一小食堂吃中飯，各人有自己的一碗一匙，飯後須將之洗淨放好，每天同學歡聚在一起的情景令人難忘。抗戰勝利後我們才到重慶住了一年，我二年級沒有考取學校，在家由家母自己教我學校的功課，常常有機會一人去附近街上鬼混，看耍把戲、猴戲、算命、和魔術等活動，接受街頭教育，倒蠻自得其樂的。

紅梅朵朵開

後來我在天津法漢小學三年級上學期到五年級，學校設備齊全，有木偶戲院和科學室，師資很好由神父和修女教我們。五年級時我被選為班上的圖書股長，負責班上圖書的借出和歸還。在家時我用裝修房子剩下的大小木塊堆成軍艦來玩，就像現在外孫小亮一樣玩自造的玩具，很會自找樂趣。週末常常和舍妹去附近的民眾教育館看京戲，猶記得第一次看的戲碼是「四郎探母」，如今還會唱幾句。

兩年後我家從天津搬到上海，我和舍妹就在幾個巷子外的惠真小學上課，我上六年級上學期。那時我和同學們喜歡收集小畫片和做單孔照相機。我也做過兩種用來惡作劇的玩具：一種是打人的竹槍，和另一種嚇人的牛皮紙包可轉動的銅板。實在是很調皮的舉動。現在回想起來，可能那時是窮則變，變則通，而自尋其樂吧。

半年後我們遷往台南，我上進學國民小學六年級下學期。那時全台灣棒球盛行，各中小學都有棒球隊，常常舉行比賽，我是啦啦隊員，每次都須要去捧場，那年進學和立人國小舉行冠亞軍決賽，六局之後雙方平手，追加一局，可惜進學以一分之差，飲恨屈居亞軍，戰況

激烈至今記憶猶新。

我初中就讀於台南二中，地近台南公園，學校建築紅磚黑瓦非常漂亮。學校老師皆為一時之選，他們常彩排京戲給我們看，還記得曾演出「打漁殺家」，劇情是因朝廷腐敗，害得民不聊生，一家漁民被逼搬遷，臨走時女兒說還有很多傢具，老父親傷心的回答：兒呀！家都不要了，怎麼還會要這些傢具呢！演來令人動容。學校很注重音樂和美術教育，音樂課教我們唱意大利民歌，美術課我們欣賞了荷蘭名畫家梵谷的畫作。我參加了學校的鼓樂隊，作一名橫笛手，有國家大慶典遊行時，我們都須走遍大街小巷。初二時代表學校參加台南市童子軍隊在台南公園內的市露營，我們架營帳，用童軍棍紮營門和桌椅，挖灶生火準備飯菜，非常忙碌興奮，再加上男女童軍泛舟湖上，如今記憶猶新。初三時被老師選中參加台南市作文比賽，我是寫散文的人，題目下來是議論文，當然名落孫山，真是對不起學校，尤其是前兩年，老大哥趙達連得兩屆冠軍。此外我和幾位同學還組織了籃球隊，取名「文友」，常常放學後，大家在籃球場上打球，雖然弄得一身汗水，但大家都玩得很盡興。在台南二中，因為初中升高中只是台南市內的競爭，所以升學的壓力不大，那陣子生活過得有聲有色，極其愉快。

高中我就讀於一個注重理工科的名校，台南一中。因為升大學聯考競爭的壓力，生活就像拉緊了的弦，除了準備功課外，沒有時間作其他的事。大學我念國立台灣大學機械系，從台南家中住到大學的宿舍，沒有母親的照料，生活一切都須自理，再加上有些教科書是用英文課本，念起來非常吃力，機械系功課吃重，加上擔任家教以減輕父母經濟負擔，每天忙得不可開交，自顧不

暇，沒有時間參加校內和校外的社團活動，更別提在花前月下交女朋友了。就這樣緊緊張張地過了四年，可惜沒有享受到這段青春歲月。好在大學畢業後服一年半的空軍預備軍官役，其中五個月在空軍機械學校受訓，除了上飛機的結構和操作課之外，課後我是小單位的壁報委員，出了好幾期的壁報，並參加壁報比賽。也加入了舞獅隊，課後參加訓練、彩排、和表演。生活才過得多彩多姿。

服完空軍預備軍官役之後赴美，在印地安納州 Purdue 大學機械研究所攻讀。雖然遠赴異鄉，但是因為校中的中國同學約有兩三百人，很快就能適應了那裡的生活。除讀書外居然還作了中國同學會 1963 年「普渡鐘聲」兩期期刊的主編，1963 年九月的期刊因為找不到同學投稿，我就用各種筆名，包辦了期刊的每一篇文章和報導。1963 年 Purdue 中國同學會主辦美國中西部中國同學大聚會，身為主編我為支加哥三民晨報寫了一篇「喜相逢」，登在 1963 年八月三十一日的特刊上，用對話的文體介紹 Purdue，並熱烈歡迎大家來共襄盛舉。這是我生平第一次文章刊登在報刊上，現在還留有剪報。

一九六三年七月十九日起一星期，美國長老會的八個教會，聯合在 Purdue 舉行青年夏令營。在結束時，參加的青年要演出一個英語話劇 「The Wind and The Wall」。此劇是和原子彈轟炸日本廣島的史實有關，敘述戰爭之可怕，宣導世界和平。長老會要我扮演劇中的日本青年，可能那時，校園內還沒有日本學生。話劇在大舞台演出，廳中可坐六千人。在共有四十一頁的劇本中，我的台詞只有七句話，到演出時，一緊張，就只講了六句，而忘了第七句。也不記得是怎麼下的台。同年，Purdue

的中國同學會為了要宣揚中華文化，決定要演出中國家喻戶曉的話劇「梁山伯與祝英台」，由幾位同學改寫成英語劇本。大概是看我稍有演劇的經驗，加上那時我的體形有點像古時的書生，大家要我出演梁山伯。我在秋天共演出了兩場，還在台上唱了英文歌，頗獲好評。因為排演和彩排要花許多時間，差點耽誤了功課。在學校長假時，家在美國的同學多半回家，校園內只剩下印度同學和中國同學，幸好有些中國同學夫婦會慷慨地邀請單身的男女同學到家聚餐，兩年後梅小姐轉來本校，我們就在一次聚餐時相知相識，後來結成連理，從此人生漸入佳境。

得到博士學位後，我開始在馬里蘭州蓋城的國家標準與技術所（National Institute of Standards and Technology）上班。數月後，照慣例新來的研究人員須在我們處給一個研究報告，我不知道自己講得如何，不過講後我的老板 Joe 把我拉到一邊，輕聲地建議我參加我們所裡的健言社 （Toastmasters Club），我在 1970 年加入，到今年正好五十年，我要特別感謝 Joe 的指導，使我受益一輩子。

健言社不但訓練社員演講和溝通的能力，也讓我們學到領導的訣竅。每兩星期中午一小時是我們開會的時間。在開會時我們學到如何作即席問答、有備演說、和講評。先進會員可以學到利用幽默、說故事、集思廣義（brainstorming）、辯論、小組討論等。我們從親身參與中，學到了許多。後來也同太座在住家附近，參加了一個社區的健言社，開會是在晚間兩小時，有充裕的時間練習。後來太座和我週末為中文學校的學生辦了十四次青少年領導訓練班，讓學生有專門學習演講和領導的機

會。太座和我還為了六位有演說恐懼症的成人辦了成人演講班，每週一個下午共六週。另外為了加強領導的能力，我作過社區健言社的社長，及五個健言社的聯合會長，訪問各別健言社，並舉辦演講比賽，和舉行和五位會長的會議。也參加過幽默演講比賽，得到五個社聯合會的冠軍。所有的這些活動對我在國內和國際上參加研究報告及主持會議時幫助很大。

我參加了和工作有關的國際照明協會組織，作過美國分會的祕書，和國際第二技術處的祕書，最後並作了國際總主席四年，主持各種大小技術和行政上的會議，到過二十個國家。因為有過健言社的訓練，作來得心應手。

為了鼓勵我們的兒女學習中文，有一年我作了博城中文學校的董事兼校長。業餘時我也作過六年蒙郡總圖書館咨詢委員，除開會建言之外，也負責咨詢兩個分館的業務。曾作了兩年華府書友會會長，負責籌劃二十四次文藝演講，內容包含古今中外，文學和藝術的演講，每次並請一位會員撰寫報導登在報上。平時週末也常去聽書友會、作家協會、及詩友社的演講。

我於 2004 年退休後，有更多的時間和精力來追求新的嚐試，為了要成為義工解說員，2004 年九月先在華盛頓城內的航空與太空博物館上六十小時的課，然後作了幾個月的實習生，跟在資深解說員的後面聽他解說，五月通過口試後正式成為義工解說員，每星期三帶約十多位遊客，照著我設計的路線，為他們說飛機與太空艙及登陸月球的故事，因為有機械和物理的學識，再加上

健言社的訓練，講解得有聲有色，有時還被遊客要求合照留念，有華人遊客時還會用中文為他們解說，讓大家覺得很親切，我一共服務了五年。

　　家父是南京金陵大學園藝系畢業，我卻五穀不分四體不勤，2009 年初我心血來潮，決定去上六十小時的園藝課，並以高分通過筆試及一年的實習後，正式成為蒙郡義工園藝大師，我選擇每個月一個星期六，從上午十時到下午一時，在 Brookside Garden 的植物診所，為居民解答有關植物的疑難雜症。因為園藝不是我的本行，作起來新鮮也吃力，所以到現在我還是盡量跟著我的師父 Len 博士去植物診所服務。作這種義工有幾點好處，一來是退休後還有機會說英文，還有是可以遇到其他義工和居民，再就是園藝對我是一種挑戰，可以訓練腦筋學無止境。

　　女兒家住在離我們約二十分鐘的車程，我們的外孫和外孫女從一出生，太座和我就幫忙照顧。現在每個週日下午三點從校車站接他們回家，太座還負責準備晚餐，飯後約七點半離開女兒家，所以和孫輩很親近，因此十年來生活十分有規律，看著孫輩成長真是樂趣無窮。

　　1985 年我開始向當地的華文報紙投稿。日積月累，八十篇文章收集在 2016 年出版的一本散文集「蔚蔚乎銀杏」（The Exuberant Ginkgo Tree），由 Amazon.com 總經銷。出書的過程真是特別興奮，所以我還在繼續努力，計劃早日出版第二本散文集。同時不斷享受聆聽各種文學和藝術的演講，開展知識領域及平添生活的情趣。

現在就讓我用以作「雜事」的多寡，來檢視一下我在人生不同階段是否快樂。我覺得小學時還蠻快樂無憂；初中的生活燦爛難忘；高中因升學的壓力和大學時的自顧不暇，沒有參加任何課外活動，是最不快樂的時期；留學異國時，出乎我意料之外，居然過得有聲有色；上班的這些年成家立業養育兒女，人雖最為忙碌，但也幹了許多'雜'事，光陰似箭，過得十分開心；退休後日子過得有規律又充實，加上兒孫承歡膝下，更加快樂。

　　回想起來自從和太座結為連理後，經她細心照料，家中一切打理得井井有條，使我無後顧之憂，作事勇往直前，所以婚後生活過得非常幸福，充分享受人生。適值我倆結婚五十二週年紀念，特以此文慶祝之。

　　真箇是：

　　　　求學就業退休了，正事作得真正好。

　　　　君問快樂知多少？別忘雜事中去找！

　　　　　　　　　　　　　（2020.01）

2-09 難忘的歌聲

我每住過一處，總有一兩首難忘的歌曲，並多半記得大部分的歌詞。唱起這些歌來，就會想起當年的情景。

記得抗戰勝利後我們家住重慶時，一個公園門口，由一對小矮人夫婦收門票，男的還喜歡唱下面這首「秋水伊人」，詞句很美，因為家母常唱這首歌，舍妹和我都一直記得它的歌詞。

「秋水伊人」

望穿秋水，不見伊人的倩影。

更殘漏盡，孤雁兩三聲。

往日的溫情，只換得眼前的淒情。

夢魂無所寄，空有淚滿襟。

幾時妳歸來呦，伊人呦。

幾時妳會穿過那邊的叢林，那亭亭的塔影 ，

點點的鴉陣，依舊是當年的情景。

只有妳的女兒呦，已長得活潑天真。

只有妳留下的女兒呦，來安慰我這破碎的心。

一年後在天津住家右邊不遠處有一軍營，常聽到士兵出操時，雄糾糾氣昂昂的唱下面這首「軍歌」。我自然就學會了，非常喜歡唱它。後來在台灣的大學生畢業後服陸軍預備軍官役的同學，也都會唱這首進行曲。

「軍歌」

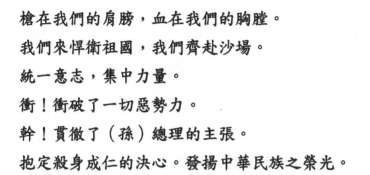

　　槍在我們的肩膀，血在我們的胸膛。

　　我們來悍衛祖國，我們齊赴沙場。

　　統一意志，集中力量。

　　衝！衝破了一切惡勢力。

　　幹！貫徹了（孫）總理的主張。

　　抱定殺身成仁的決心。發揚中華民族之榮光。

　　我們住在天津兩年，因為內戰開始，只好向南搬到上海。在上海我們住在南市區，它不是以前的租界區，房屋老舊。這裡大家進出走後門，馬桶多放在後門牆邊，清晨糞車來倒掉。當時下面這首「討厭的早晨」，唱出了那時後門小巷內的情景。

「討厭的早晨」

　　糞車是我們的報曉雞，多少的聲音都跟著它起。

　　前門叫賣菜，後門叫賣米。

　　哭聲震天是二房東的小弟弟，

　　雙腳亂跳是三層樓上的小東西。

　　只有賣報的呼聲，才有點書卷氣。

　　到台南後，念小學六年級時，因為參加了棒球啦啦隊，和同學們建立了深厚的情誼。我們練唱了下面這首「畢業歌」，文字極美而感人，畢業典禮和大家同唱這首歌時，我已感動得熱淚盈眶。以後每次唱這首歌時，都特別懷念小時這段生活。

「畢業歌」

青青校樹，萋萋庭草，欣霑化雨如膏。

筆硯相親，晨昏歡笑，奈何離別今朝。

世路多歧，人海遼闊，揚帆待發清曉。

誨我諄諄，南針在抱，仰瞻師道山高。

台南是台灣的故都，有孔廟、忠烈祠、五妃廟、安
平古堡、和赤崁樓等名勝古蹟。我念台南二中初中時倒
是十分活躍，我參加了鼓樂隊吹橫笛，代表學校參加了
台南市作文比賽，又代表學校參加了在公園內的全市童
子軍大露營，並和同學們組織了「文友」籃球隊，生活
過得多彩多姿。每次唱下面這首校歌，都讓我回憶起我
這一生中最快樂的時光。

「台南二中校歌」

吾校傍安平，赤崁垂榮，名園古寺，樂群英。

德智體群，齊猛進，發展均衡。

壯志奮飛敏，親愛精誠，仰追忠烈勵堅貞。

百煉千錘，休懈怠，無限前程。

台南一中高中二年級暑假，我參加救國團戰鬥訓
練，本來是報名參加登山大隊的，只因數週前為準備應
帶之物，由母親陪我去城中採買，順便去看了一場電影
「翠翠」，因電影中有一段非常可怕山崩的劇情，遵母命
請學校改為野營大隊，因而有在霧社高山上露營兩星期
特別的經歷。下面這首就是「翠翠」的主題曲，六十年

度過，我的頭髮居然已和歌詞最後一句一樣了。

「翠翠」

熱烘烘的太陽，往上爬呀，往上爬。

爬上了白塔，照進了我們的家。

我們家裡人兩個呀，爺爺愛我我愛他呀。

熱烘烘的太陽，往上爬呀，往上爬。

擺渡的人兒，不斷往來划。

五十年渡過，人多少呀。爺爺的頭髮，像棉花呀。

大學畢業後，服空軍預備軍官役，有機會遇到來自各大學的預備軍官，更難得的是，可以和現役軍人相處，向他們學習。在東港和岡山時，每天都在大家齊唱「空軍軍歌」中迎來了晨旭。這幾十年來，在不同的場合，一有機會我都會找人合唱這首我特別喜歡的軍歌。

「空軍軍歌」

凌雲御風去，報國把志伸。

遨遊崑崙上空，俯瞰太平洋濱。

看五岳三江，雄關要塞，

美麗的錦繡河山，輝映著無敵機群。

緬懷先烈，莫辜負創業艱辛，

發揚光大，尤賴我空軍軍人。

同志們努力、努力，矢勇、矢勤，國祚皇皇萬世榮。

服完空軍預備軍官役後不久，我就遠渡重洋，來到

美國印第安那州，進 Purdue 大學機械研究所。1963 年普大中國同學會為了宣揚中華文化，決定要演出一齣在中國家喻戶曉的話劇「梁山伯與祝英台」。先由幾位同學，將該劇改編為英文古裝現代劇，他們頗有創意，改編的劇情只是大致參照原來故事的情節和人物，不過還加上古今中外的一些人和事，例如劇中討論時，提及法國（Pascal）和德國（Leibniz）的哲學家，及美國 Kennedy 總統。他們並將「叫我如何不想她」的歌詞翻譯為英文放在劇中。我被要求出演梁山伯兩次，大概那時我還蠻清秀，有點像古時的書生吧。當然劇中各角色都用英文，出演梁山伯（Sam）的我，居然在台上唱起了英文的「叫我如何不想她」，就是下面這首 「How Can I Not Think of Her」，現在回想起來，仍覺得真是不可思議。

「How Can I Not Think of Her?」
In the sky，floating clouds；
On the earth，a gentle breeze。
The cool air blowing through my hair；
How can I not think of her？

The moon in love with the sea；
The sea in love with the moon。
Ah, on this sweet，silvery night，
How can I not think of her？

Blossoms drifting on the water；
Fishes sporting in the stream，
Swallows，what's that you are saying？
How can I not think of her？

Bare trees shivering in the wind；
Wildfires aflame in the evening glow。
The sun still coloring the western sky；
How can I not think of her？

搬來馬里蘭州蒙郡後，一幌就過了幾十年，並升格為祖字輩。有幸常常照顧兩個孫輩。為了加強他們的中文能力，載著他們跑東跑西時，正好讓他們多聽聽中文歌曲。他們最喜歡而常唱的是下面這兩首：「小毛驢」和「我的家」。

「小毛驢」

我有一只小毛驢，我從來也不騎。

有一天我心血來潮，騎着去趕集兒。

我手裡拿着小皮鞭，我心裡正得意，

不知怎麼，嘩啦啦啦啦，我摔了一身泥。

「我的家」

我家門前有小河，後面有山坡。

山坡上面野花多，野火紅似火。

小河裡，有白鵝，鵝兒戲綠波。

戲弄綠波，鵝兒快樂，昂首唱清歌。

歌曲因為有歌詞和曲調，一旦唱過後，很難忘記，幾乎可以一直記在心上。並且還會連想到，在何時、何地、何種情況下唱的這首歌，讓我們享受回憶的樂趣。

（2020.01）

2-10 天訂良緣

1965 年我在美國印州普渡 Purdue 大學機械研究所攻讀博士學位，那年中國新年左右，何焯彥學長與汪瑗是一對很熱心而好客的夫婦，常常邀請一些單身男女同學去他們家聚餐，大家都圍坐在客廳內。坐在我附近有一位年青貌美的女同學，我見她氣質清新，談吐不凡。相談之下，知道她兩年以前畢業於台中市東海大學英文系，畢業後就到美國 Ohio 州歐柏林學院心理系進修了一年半，補足了心理系的課程，於 1965 年轉來普渡春季班，攻讀臨牀心理博士學位。

從那次聚餐後不記得多久我們就開始約會，她住在研究生宿舍大樓，我常常到樓下的會客大廳內報到。我們都喜歡看話劇，Purdue 有很特別的小型實驗劇場，可坐不到兩百人，觀眾離舞台很近，演員的臉部表情都可以看得很清楚，對話也聽得很明白，演的多半是世界名劇，例如莎士比亞喜劇「威尼斯商人」。我們常去那裡觀看，我買票後，她如因為已拒絕另外男士的邀約不能去看，我一定不會另約別人，就放我的外套在傍邊的空位上。那時我有一部道奇（Dodge）老爺車，左前方大燈外圈銹得很利害，燈頭搖搖欲墜，我只好用黃色膠布貼住。因此這部車目標顯著，我和這位小姐在哪裡約會，朋友們都知道得一清二楚。一年半後，1966 年初秋我用毛筆寫了我作的七言律詩送給她，那時她住在宿舍大樓的九樓，非常用功，常常早出晚歸，埋頭苦讀。這首詩後來裝框，現在還掛在她的縫紉房內。

九重樓闕連霄漢，小姑居處是吾房。

三更羅衾始入夢，日色臨門畢曉粧。

埋首終日無倦意，詩書漫卷喜欲狂。

斗室焉限鴻鵠志，思慮馳騁在四方。

紅梅朵朵開

梅姑雅賞

勁草

丙午年初秋（1966）

　　我們交談時，她常談到她的長兄、姐妹、及父母親，讓我覺得愛家的女孩最適合作終生的伴侶。再加上我們在一起時雖然有時默默地不說話，但覺得很自然舒適，不需要急著一定要找話說。秋天過後我們交往甚密，到 1967 年春天論及婚嫁，我鼓起勇氣在三月二十八日，給那時還住在台灣她的父母寫了一封文情並茂的信，請求答應讓我倆訂婚。非常高興很快就收到好消息。今年（2020）春天，在我寫這封信的五十三年之後，因為新冠肺炎的疫情，我們和住在當地的女兒家實行隔離，當年的小姐現在的太座利用這個機會整理書房，她很驚喜的發現以前珍藏的兩封信 --- 我的去函的副件和未來丈人和丈母娘的回信，回信信封上還貼了兩張嫦娥奔月的郵票。

　　梅伯伯、伯母尊鑒：

　　很冒昧的寫這封信給您們，晚 勁戈謹請 伯父伯母的原諒。提筆時真是令人既興奮又緊張。記得約一年前與令嫒相識的數月後，寫信給家父母時曾說：「兒現在正

89

是最高興的時候了，我想父母親一定也瞭解這種感覺的。」
這種感覺也一直與日俱增。

　　晚 於抗戰興起後約三月，出生於安徽巢縣，後隨家
父所服務的中國塩業公司，曾至香港、廣西而重慶。八
年抗戰後順江而下，後至天津、上海而至台灣。從小學
六年級，一幌就已跨出了大學校門，而至美國求學。

　　自覺與 令嬡感情日益增進，特懇請 伯父伯母允納
晚與令嬡之訂婚事。若蒙允許，將稟告家父家母約時造
訪府上，以訂時日。

　　敬祝
　　安康

　　　　　　　　　　　　　　　晚 夏勁戈 敬上
　　　　　　　　　　　一九六七年三月廿八日於普渡

　　勁戈賢棣：

　　來函誦悉。小女近亦來稟談及與棣訂婚之議。愚夫
婦認為汝等相識年餘，瞭解自深，吾棣年青有為，互訂
白首之盟，當樂於讚同。

　　令尊堂如能來舍商談，至所歡迎，期前請先電話（或
函）告知行程，俾便候駕。

專此佈覆，即詢

旅安

紅梅朵朵開

愚　梅汝琅　吳玉玲

民國五六、四、四

住家電話　XXXXX

　　我大約是四月中接到回信，此外根據珍藏的收據，我們於五月去城中的手飾店 Page Jewelers，看上眼的新娘套裝訂婚鑽戒卻要價二百五十四元，因為我那時每月的研究助學金只有三百元，可出不起這個高價，只好由她幫忙貼補了一百元。她也替我買了一枚原價十元打了八折後八元的金戒指。訂婚儀式於六月在波士頓舉行，六個月後再由住在波士頓她家兄姐的張羅下舉行了小型但親切和難忘的婚禮。

　　現在回想起來，真是感謝熱心好客的何焯彥和汪瑗夫婦，使我倆在他們家聚餐時相識相知後結為連理，如今兒孫滿堂，享受天倫之樂，過著美滿的生活。

（2020.03）

第三章／親情篇

洛陽親友如相問，一片冰心在玉壺。

唐／王昌齡。芙蓉樓送辛漸

桃花潭水深千尺，不及汪倫送我情。

唐／李白。贈汪倫

第三章／親情篇

3-01 返老還童：夢幻之旅

前言

　　據報載（二〇一七年一月六日 New York Times），華裔移民 Tyrus Wong（黃齊耀先生）已於二〇一六年十二月三十日在加州逝世，享年一百零六歲。原來黃先生是一九四二年迪士尼（Disney）卡通片「小鹿斑比」（Bambi）的畫家。在他二十九歲到三十歲時化了兩年時間，利用宋代山水畫的風格創制了這部有獨特意境的卡通片。由於華裔長期受到歧視，他的貢獻多年來并不為公眾所知，直到他九十多歲時才不斷地獲得多方宣揚。這則消息不只讓我對這位富創意又多產的畫家肅然起敬，也令我想起許多卡通片在兒時帶給我很多樂趣，及最近我們祖孫三代坐迪士尼遊輪，讓大家渡過了美好的時光。

卡通片

　　除小鹿斑比之外，我看過的迪士尼卡通片很多，印象最深的有：白雪公主（Snow White and Seven Dwarfs），木偶奇遇記（Pinocchio），灰姑娘（Cinderella），愛麗絲夢遊仙境（Alice in Wonderland），小飛俠（Peter Pan），和睡美人（Sleeping Beauty）。猶記得木偶說謊後鼻子變長，灰姑娘走掉了玻璃鞋，愛麗絲掉進了地洞中，小飛俠和海盜大戰，及睡美人從玻璃棺材內醒了過來，都是最難忘的景象。尤其是「白雪公主」中七個小矮人在礦場內工作了一天後，高高興興的排隊回家，一路上口中唱著「Heigh-ho, Heigh-ho, It is home from work we go。——」，片中的情景猶歷歷在目。我小時候還和舍妹雲青下

「白雪公主棋」。每邊有八個棋子，分別為公主和七個小矮人：白雪公主（Snow White）、博學（Doc）、快樂（Happy）、怕羞（Bashful）、 生氣（Grumpy）、噴嚏（Sneezy）、貪睡（Sleepy）、啞子（Dopey）。我們都是玩暗棋，也就是將棋子反過來佈置在棋盤上。兩棋子相碰後翻開來比較，以順序優先的棋子吃掉對方。例如：公主贏博學，博學贏快樂，貪睡贏啞子，啞子贏公主。有時和朋友們玩，吵吵鬧鬧的玩得很開心。

夢幻之旅

　　去年（二〇一六年）兒女們要選一個旅遊勝地為我慶祝生日。我是個一動不如一靜的人，如此勞師動眾，實在過意不去。太座諍言要珍惜他們的一片孝心，我說那就找一個孫輩們可以玩得很開心的地方吧。於是小兒宇文和小女雯綺費心的商量和研究之後，決定選擇參加四天三夜的迪士尼遊輪之旅。大家並於上船之前在 Florida 的 Cocoa Beach 和下船之後在 New Smyrna Beach 兩處各住兩天，讓孩子們盡情地在海灘上跑及用沙搭堡壘和挖隧道，也讓大家上船前後比較從容，不必太趕。在他們妥善的安排下，於十二月中旬讓我們祖孫三代作了一次難忘的夢幻之旅。

　　我們迫不急待地從天寒地凍的 Maryland 州，飛到這非常暖和的 Florida。十二月十九日星期一是個大日子，我們那天下午將在 Canaveral 港登船，大家都非常興奮。車到港口後，赫然見到停泊著的龐然大物，是一艘 Disney Dream 的遊輪，約有十數層樓高。一上了船就彷彿走進了一個童話世界，一個夢幻的國度，一轉彎，你可能會碰到各種卡通人物。有一天外孫女佳琪正好在

大廳內聆聽講卡通故事，然後和她最喜愛的灰姑娘及米老鼠、唐老鴨、和小飛俠，合照了許多可愛的相片留念。

　　船的頂層有游泳池，還有水晶宮。孫輩們都喜歡在水晶宮中玩水，水從魚的口中或從地上噴出不同的高度，他們百玩不厭，在水柱中穿來穿去，並尖聲大叫，高興得要命。

　　每天晚上八點半，我們最喜歡到迪士尼劇院看演出。三天的劇目有：The Golden Mickeys（各種有名的卡通人物）、 Villains （卡通中的壞蛋）、 Disneys Believe （卡通中的魔幻奇蹟）。演出穿插著卡通片和真人表演，非常生動有趣，出神入畫，覺得時間過得太快了。

　　我坐遊輪最喜歡的是吃得好。三天來正式的晚餐，每天都在不同的餐廳進食。妙的是各桌的侍者也跟著大家換餐廳。晚餐包含開胃菜、主菜、和甜點，菜餚都十分可口而豐富。我們的侍者 Garfield 最會讓孫輩們開心，他會各種魔術，孩子們也特別喜歡看他幫忙切肉。第二晚並為我送來生日蛋糕，許多侍者及領班和大家為我一起唱生日快樂歌，也算是這次遊輪的高潮。船上有各種其他的小吃舖，隨時都可吃到意大利餅、熱狗、和冰淇淋等。船上的自助早餐也是我喜歡的，各種果汁、炒蛋、香腸、湯類、沙拉、和水果，真是吃得不亦樂乎，都不想下船去逛了。

　　遊輪都是在黃昏及夜間開航，清晨在小島靠岸。我們第二天大清早到達 Bahamas 的首都 Nassau 島，人口只有二十三萬人。因為是到外國，我們須帶著護照登岸。

下船後穿過一些小店，坐水上巴士，再走幾條街，到了 Atlantis Hotel 的最下層，參觀一個很有名的水族館（Atlantis Aquarium），那裡有許多以前不曾見到的熱帶魚類，在古城的廢墟中漫游：斑點鷹魟（spotted eagle ray）、南方魟（south stingray）、巴哈馬星魚（Bahamas starfish）海月水母（moon jellyfish）、蝎鱟（horseshoe crab）、綠色海鰻（green moray eel）、獅子魚（lionfish）。孫兒琅琅手中拿著一張海魚圖，十分認真地找水池中各種的魚，因時間不夠，只好意猶未盡的離開。我們坐計程車，過了大橋後趕回船上。

船掉頭往北開，第三天清晨到達 Castaway Cay，這是迪士尼公司所擁有的小島，專為迪士尼遊輪遊客所用。聽說食物和飲料都需由遊輪帶來，吃剩下的及垃圾都須拿回船上帶走，以維護島上的清潔。在島上小兒和小女參加了三英哩的跑步活動，我們倆佬則走了約三英哩，並各得到了一枚迪士尼的參與運動紀念牌。中午就在島上吃遊輪準備好，特別豐盛可口的烤肉野餐，並在沙灘邊漫步或曬太陽，真是盡情享受世外桃園悠閒的體驗。第四天清晨，船回到了 Canaveral 港，下船之前我們在船上各處攝影留念，依依不捨的結束了這次夢幻之旅。

後語

在這次遊輪的旅程中，我禁不住想到五十五年前，和如今坐船的對比。一九六一年八月，我單身一人坐渝勝輪，從高雄飄洋過海赴美留學。渝勝輪是一艘一萬一千噸的貨船，加裝了三十個學生艙位，船上的服務人員不到十人，船開了三個星期才到達美國加州。而今於二

〇一六年十二月，我原只是一個二十出頭的小伙子，現在倍增成祖孫三代共十一人，坐迪士尼夢幻輪在海上遊玩。夢幻輪則是一艘十三萬噸的遊輪，載客約三千人，加上一千五百位服務人員，船開了總共只有三天又回到原來的港口。在渝勝輪上因一半的學生暈船，我早上能吃到兩份荷包蛋湯麵，就覺得是山珍海味了。如今在遊輪上可吃到大量的美食。數十年前我夏天跨洋之旅，不知害怕勇往直前。最近冬天夢幻之旅，確是大大地重拾童心，享受人生。

（2017.01）

紅梅朵朵開

遊輪上全家福
Welcome Home!

3-02 遲來的娃娃屋

　　二〇一七年近年底，太座和我終於把這個遲來的娃娃屋（dollhouse）給完成了。為什麼是遲來的娃娃屋？要講清楚這一切還得從四十年前說起。

側視圖

　　一九七七年，我已在馬州蓋城的國家標準與技術研究院（National Institute of Standards and Technology, 簡稱 NIST）工作。那年春天研究院在大廳內舉辦員工手工藝展覽，各種手工藝品琳琅滿目美不勝收。尤其是那些漂亮的娃娃屋，使我想起我也可以給我們的小女兒做一個，準備參加隔年春天的手工藝展。

　　我打鐵乘熱立刻上街買到了一個摩登娃娃屋的藍圖，並根據藍圖買了需要的工具和木材。圖中的描述非常仔細而複雜，照著藍圖花了將近三個月，才把每部分

的木材鋸、切、和粘上需要的小木條。因為遇到技術上的困難一直就沒有能把整個屋子組裝起來。當然沒能參加第二年的展覽，小女兒更是沒有玩到她的娃娃屋。

頂視圖

就這樣一直拖著。女兒失望之餘，對此娃娃屋嚮往不已，在她高中快畢業那年聖誕節送給我的禮物是一個立體影像（holography）板，其中的圖像是一個做好的娃娃屋，前面擺了些木馬等玩具。板後貼了一封信，上面很客氣的寫著：「爸爸：我這件禮物是要一直提醒您久未完成的娃娃屋。喔，這是開玩笑的。不過這也讓您記得我是孩提的那段時候，也可讓您想到您未來的孫輩們，或許也喜歡擁有這樣一個漂亮的的娃娃屋。女兒上」。我一直還珍藏著這封信和影像板。心中歉疚，念念不忘對女兒一直沒有實現的諾言。

從開始做娃娃屋起到二〇一七年正好是四十年。物換星移，時間過得飛快，為養家糊口忙着，轉眼間我們的外孫女佳琪都已經是六歲的小女孩了。太座說是應該下定決心組裝完成這個娃娃屋的時候，不然就沒有機會了！佳琪聽過這未完成娃娃屋的故事，也催着公公趕快交卷。好在我們四十多年來沒搬過家，每部分做好的木

料都在，而且保存完好。恰好十二月中旬到年底，住在附近的女兒一家去南部渡假，我們不需照顧外孫兄妹二人，可以專心來完成這個大任務。

單間

時間迫切，我被逼上梁山，只得靜下心來，好好考慮如何解決當初技術上的困難。皇天不負有心人，忽然福至心靈，問題引刃而解。難題是四塊外牆板懸空，不知如何固定在地板上，終於想到用薄板黏在地板週邊的空缺下，可以讓外牆板有地方落腳，再用細腳條（baseboard）以膠水將外牆和地板固定。五塊內牆板互相可粘連，再加也用細腳條固定在地板上，整個結構就更加穩固了。

這個娃娃屋是一幢現代化的屋子，是實物的十二分之一，很巧的是，我們家的房子正好是這娃娃屋的十二倍。娃娃屋有兩層共二十英吋高。下層地基三十六吋見方，高九吋。有一個十二吋見方的工具室。旁邊是九級樓梯可上二樓，其餘都是車間。樓梯每級寬二又四分之三吋、深一吋、高一吋，樓梯是整個娃娃屋最費時費力去做的部分，也是最令我驕傲的成就。

第二層的地板三十二吋見方，高十一吋。共有六個

單間。兩邊各有兩個 10x15 吋的單間,中間有兩間,前面的一間最大,有 10x20 吋,主要是為上下樓之用,後面是個 10x10 吋的小間。二樓六個單間共有七個門相通,門框為 3x6.5 吋,就和真的屋子一樣,門框都用薄木片粘得漂漂亮亮的。所有的地板和牆壁都是用五夾木板,非常結實而沉重。屋頂很別緻,是兩邊向中間傾斜,用兩片 20x36 吋透明塑膠板作屋頂,很容易看清楚每個房間。四十年前整個房屋各部分做工都很細緻而精美,現在恐怕再也沒有這種耐心和技術了。

相傳世界上第一個娃娃屋誕生於一五五七年,是德國 Bavaria 地區一位貴族王子請工匠製做,作為送給小孩的生日禮物。小時候在中國內地和台灣就從來沒有看見過娃娃屋,可能只有在歐美地區才流行的吧。近幾年來雖然外孫女佳琪收到過大小有五個娃娃屋禮物,但是都沒有我做的大,更沒有我做的摩登好看。

十二月三十一日是「驗收」的大日子。因為娃娃屋太大,近午時太座和我各載一層樓去附近女兒家。我們請她們全家四口暫時等在樓上不要下來,讓我們在樓下先將娃娃屋安排妥當後,好給她們一個大大的驚喜。四人下樓後各各目瞪口呆,眼睛張得大大的興奮不已。女兒和外孫女異口同聲地大叫:「這是我的娃娃屋!」大家圍着娃娃屋仔細觀看,女婿拿着他的寬鏡頭照相機猛拍照。這本來是要給女兒的禮物,現在就成了給女兒和外孫女兩代人非常遲來的禮物了。

(2018.01)

3-03 行行出狀元：理髮大師林克先生

　　雖然今年（二〇一八年）七月十日的瑪麗亞颱風襲擊台灣北部，使我們延遲了兩天從台北返回美國，但有幸的是，讓我遇到了理髮大師林克先生。要談起這段佳話，還得從五十年多前說起。

林克與作者

　　我與太座在一九六七年互訂終生。因為兩人都是研究生，經濟很緊，沒有餘錢出外理髮。正好一位好朋友送我們一把電動剪髮刀作為結婚禮物。太座就從此作了我的專用理髮師。開始時她的愛心要比手藝高，常常一失手，下刀過猛，就把一片頭髮剃得太短，青頭皮和黑頭髮並存。我為了要鼓勵太座繼續努力，就笑稱那青頭皮就算是地中海吧。

林克操刀

一九六九年，我剛拿到博士學位的隔年，一人先來
華府就職，在一家理髮店理髮。理髮師說我的頭髮太硬，
把他的剪髮刀都弄鈍了。我很生氣，從此再也沒去那家
理髮。好在不久太座就搬來了，仍是由她操刀，漸漸駕
輕就熟，如今只要七分鐘就可完成，而且理得還蠻好。
在家理髮的好處很多，除了漂亮的理髮師隨時聽命，不
用預訂，不論是深夜和清晨，只要是心血來潮，就可剪
髮，剪完後又可以馬上洗頭整容，像是換了一個人，實
在方便。就這樣五十多年來我都沒有在外面理過髮。

小兒宇文夫婦幾乎每年暑假都由親家母幫忙，帶著
他們的兒女到台北上六個星期的中文班及夏令營。那兒
的課程和活動內容多元、輕鬆而有趣，並包括豐盛的午
餐，我們的孫兒女又吃又玩又學到說一口流利的中文。
今年小兒家邀請我們夫婦倆同去，我們在台北住了兩個
多星期，享盡了台北美食及含貽弄孫的樂趣。到七月十
日要搭機返美時，忽然天氣預報颱風瑪麗亞將在台灣北

部海面經過，航班取消，台北市長宣佈當日下午四時，辦公室停班，夏令營和學校也都跟著停課。太座急忙要連絡航空公司改變歸期，但電話一直線忙打不通，我們只好坐計程車到長榮公司辦事處交涉。我們是下午一點鐘到的，一進門先抽號，我們拿到的是八十三號，而那時櫃檯才正在辦理三十五號的客戶。又因正值午餐時間，十二個櫃枱中約只有七、八個職員在辦事，所以進展很慢，我們等得很心焦，擔心輪不到我們就要到下班的時間了。

就在這心亂如麻時想起這幾天太座眼看我在大熱天裡長的特快的頭髮，一直催我就近去理髮店修剪，我卻一直拖延想等幾天返美後在家理吧。等換票的時間愈來愈緊迫，情急之下我只好禱告大慈大悲的觀世音菩薩保佑，而且發誓，如果今天能換到票，我就趕赴理髮店理髮。皇天不負苦心人，我們終於在三點半鐘換到了機票。

太座轉頭對我一笑，表示沒忘了我對菩薩的許願，我也心甘情願地一同立刻趁車去住處附近小兒和孫兒推薦的理髮店。這家店叫「喜美男士燙髮」，店面小巧，一進門，一位大概是老板娘招呼我們在店右邊的椅子上坐下等候。店左邊的大鏡子前有兩張理髮椅，我們去時，理髮師正在為一位中年男子理髮。另一張理髮椅上，一位約十歲的小男孩在等，他母親對我們說，孩子從小就被送來在這裡理髮。不久中年男子就理好了，臨走時他告訴我們說，三十年來他都是特別從遠處趕來的老主顧。

小男孩理好後就輪到我了。我情緒很激動地告訴理髮師，他是我五十多年來第一次理我頭髮的理髮師。我

說我是看孫子的頭髮剪得很帥，因此隨他們之後來造訪。這位師父的名字叫林克，十四歲開始作學徒。他皮膚光滑，笑容滿面，聲音宏亮，真看不出他出師後操刀到今天已有四十三年。他感嘆至今很少人願意學習這門手藝了。林師父一看我，立刻診斷出我頭上有三個旋，後面兩個，前面一個。接著說有旋的地方頭髮應剪得短些，其他地方要理得稍長。一聽這話就知確是行家，我才瞭解為什麼多年來我的頭髮總是難以成型，立刻請太座在後面觀察學習。林師父的電動理髮刀很利，只聽刷刷的聲音，很快而有自信的在我頭上很有次序的剪過，一點都沒有被拔頭髮的感覺。他把我兩鬢剪得很短，這是太座多年來不敢嚐試的。頭髮下端的根部，用剃刀刮得很乾淨。我的頭髮在他有條有理的操刀下很快就理好了。理完後他用吹風機把我頭上和頸部的碎髮吹得乾乾淨淨。在鏡中我可以看到自己真是煥然一新，英俊極了，非常滿意，的確是不虛此行。以後兩天，我們每次經過他的理髮店，都會隔著玻璃窗互相舉手打招呼，倍感親切。

　　以後你若有機會去台北，請不要忘了到台北市南昌路二段 198 號的喜美男士燙髮店，去享受理髮大師 林克先生 的手藝。

（2018.07）

3-04 「問題不大」：賀表哥丁鐘旦教授九十高壽

家母是江蘇宜興人。表哥是家母大哥的兒子，他曾在北京礦業學院自動化研究生部作教授。記得我第一次見到他是在一九四八年暑假，我剛在天津念完五年級，就全家搬來上海市，住在南市的果育堂街。因為天津的南開大學在上海有考場，所以他來住在我們家幾天以便報考南開大學，結果金榜題名。第二年初因內戰北方時局吃緊，我們只在上海住了半年就搬去了台灣。表哥則是留在大陸就學就業，我們因此就兩地相隔了許多年。

大陸開放之後，幸好這些年家母一直和表哥保持連繫，因此一九八五年四月十三日，我才能乘從美國去北京出差之便，去拜望了我表哥全家。三十七年之後又能第二次相見，真是喜出望外，恍如隔世。那次是我第一次見到表嫂和他們可愛的兩個女兒和一個兒子，相談甚歡，一起聊天，一起唱歌，不一會就打成一片，大家很快就很熟了。表哥為人樂觀，他的口頭禪是：「問題不大」，言下表示雖面臨挑戰或困難，不否認也不逃避，而要平心靜氣地面對問題，總能找出解決之道。表嫂那天特別為我作了一桌八樣可口的宜興菜，至今難忘。從此三十多年來，有幸能有許多機會，常聽到他這句問題不大的口語，也觀察到他身體立行的榜樣。太座和我衷心的佩服他樂觀勇往直前，深信這是他健康長壽之道。

如今表哥表嫂業已退休多年。他們的長女已搬來附近的維州，二女兒在北京高就，小兒子住在西部加州。表哥嫂遊走在兩國三地，其樂融融。今適逢表哥九十慶典，特為撰寫祝壽詩一首，祝他壽比南山、快樂安康！

祝壽詩

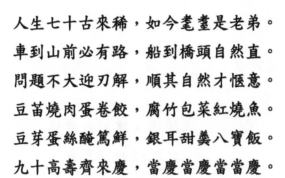

人生七十古來稀，如今耄耋是老弟。
車到山前必有路，船到橋頭自然直。
問題不大迎刃解，順其自然才愜意。
豆苗燒肉蛋卷餃，腐竹包菜紅燒魚。
豆芽蛋絲醃篤鮮，銀耳甜羹八寶飯。
九十高壽齊來慶，當慶當慶當當慶。

紅梅朵朵開

（注釋）：

耄耋：九十歲之稱。因為如今過百歲的人瑞漸多，所以九十歲壽星就是老弟了。

愜意：江南人常用的口語，表示心情愉快之意。

豆苗燒肉 – – – 八寶飯：宜興八樣菜饌。

當慶當慶當當慶：抗戰勝利時的歡慶趣聯 「普天同慶當慶當慶當當慶，舉國若狂且狂且狂且且狂。」採用小鑼、小鈸的樂器聲。

（2019.01）

3-05 婆婆的夏令營

「中國兒歌」

搖搖搖，搖到外婆橋。

外婆叫我好寶寶，

問我爸爸媽媽好不好。

我說好，外婆聽了咪咪笑。

最近忽然想起小時候唱的這首兒歌。從兒歌中可以想道，外婆住在離女兒家不太遠的地方，可能是同一村落，坐小船就可以到。他們並不常見面，所以外婆要問候女兒女婿的近況。聽外孫寶貝報了平安之後，高興而放心地笑了。

太座和我住得離女兒家也很近，大約十五分鐘車程可到。小學開學期間，週日每天放學後，我們負責照顧外孫兄妹倆人，直到一起吃過晚飯之後。所以我們和小亮及佳琪很親，日子也過得很有規律。他們每天回家後有兩三小時空閒時間，去畫圖、唱歌、跳舞、寫作、和看書，作自己喜歡的活動。有時也會請同學來家裡一起玩耍。

不滿十歲的小亮和快八歲的佳琪，已有四、五年暑期夏令營的經驗，每個暑假會參加兩三個夏令營。每天夏令營活動結束之後，也是由我們看顧。今年（2019）

他們參加了兩人都喜歡的夏令營：Creative Summer 和 Camp Levine。在 Creative Summer ，兄妹選的多半是需要動手的活動。小亮選的是木工、機器人、烹調、烘烤。佳琪的是日常科學、戶外活動、烹調、烘烤。Camp Levine 是倆人最喜歡的音樂夏令營，學生的活動主要是唱歌、跳舞、彈吹樂器、和演音樂劇。每天興高采烈的去參加。小亮選的樂器是小提琴，而佳琪的是單簧管（竪笛）。

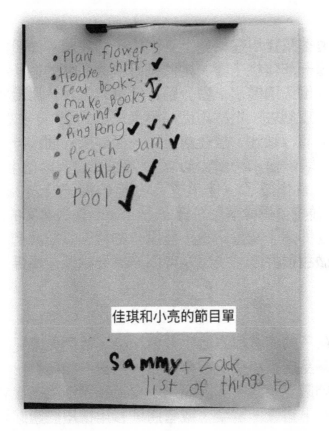

佳琪和小亮的節目單

　　今年在兩個夏令營結束之後，到他們全家去 Maine 州露營之前有一個星期的空檔期，就需要我們全天候出勤，早上九點女婿送他們來我們家，下午三點半我們送他們回家，晚飯後我們回自己家。八月五日到九日（星期一到五），他們倆就來我們家參加「婆婆的夏令營」。星期一早晨，兩個寶貝一進門就高興地喊叫說，我們來

婆婆的夏令營了，並且還穿了他們前個夏令營的制服戴著名牌。佳琪居然寫了一張節目單，例出她這一星期想作的活動，如此的有組織能力，並能設計節目，實在出乎我意料之外，顯然是有了她媽媽事事有計劃的真傳。佳琪的節目單上列有下面幾種活動：作桃子醬、紮染（tie-dye）、縫紉、念書、打乒乓，游泳，彈 ukulele（四弦小吉他）、和種花。

婆婆幫佳琪在網站上查到桃子醬食譜，然後由佳琪讀食譜一起作桃子醬。她們把幾個大而熟的桃子放入深盆內，倒入滾開水，數分鐘後將燙水倒掉，用冷水冲後將桃子皮剝去，把桃肉切成小塊，放入鍋中，加入少許橄欖油和檸檬汁，放在爐上，一面燒開一面攪拌，同時加入少許的糖，繼續攪拌均勻，冷卻後倒入兩個小罐中，桃子醬就作成了。佳琪還命名她的桃子醬為 Sam's Jam，並把這個標籤貼在罐子上，Sam 是她名字的縮寫。婆婆立即烤了麵包，塗上佳琪作的桃子醬給我們品嚐，味道微甜很好吃。佳琪並帶回一罐要給爸爸媽媽一個驚喜。

孩子的婆婆很喜歡也很會紮染。我們先帶兄妹倆去手工藝品店買小號的白色汗衫、色筆、和顏料。到家後讓他們戴上手套，穿上圍裙，桌上鋪了塑膠布後讓他們在汗衫上畫畫、寫字、或者將汗衫用橡皮筋紮起再塗上各種顏色。他倆很喜歡畫畫，字也寫的很好。他們用了三個下午，各自創作了三件藝術品，很高興地穿給父母看。

佳琪個性溫和，喜愛動物和幫忙弱小。擁有近二十

個洋娃娃，常常替它們更換衣服，同它們講話並編故事和演戲。這星期她要為它們縫製一個小枕頭。她沒忘了早年在 Montessori 幼兒園裡學的穿針，一針一針很有耐心地把兩塊花布縫了三邊，中間塞了碎布後再把開口縫上，就成了一個很漂亮的小枕頭。她把一個洋娃娃的頭放在枕頭上，好讓它舒適地入睡。

紅梅朵朵開

　　小亮從小就喜歡把客廳裡的沙發拆開，用所有的坐墊堆成一座城堡，這次也不例外。每天和妹妹在城堡中進進出出玩耍，或躲在城堡中看書。他最喜歡看小說和地理及地圖，終日一頭就埋在書裡，人就像一個百科全書，知道的事情很多。不久前還出了一本一百多頁的小說，由 Amazon 經銷。書名是 The Last Survivor ，故事是講中世紀時，一個英國的城堡被敵軍佔領，城堡公爵十來歲的兒子千方百計要奪回城堡。故事輾轉曲折，引人入勝。佳琪則帶了她喜歡的一套書來念。

　　佳琪比較好動，自己還學會騎腳踏車。最近對踢球和打乒乓很感興趣，婆婆把縫衣的長桌變成乒乓桌。佳琪打起乒乓來跳左跳右的，興奮得不得了，接到球後會高興得大笑。一週下來接到球的次數不斷增加，特別高興。

　　YMCA 不久前剛翻修一新，我們帶他們去那裡游泳，覺得非常賞心悅目。小亮上過游泳課，已經很會游泳。佳琪完全是自學成功，現在可以游完全池二十五公尺，真是佩服她的毅力。游泳過後已近中午，大家已饑腸轆轆。他們選擇去最喜歡的遠東飯店吃廣東點心。好用中文點最愛吃的义燒包和黃色的甜包、腸粉、蝦餃、

和芝麻圓球。他們也會品嚐菊花茶，不時加幾塊冰糖進去。

　　佳琪有空時就彈彈四弦小吉他。兄妹兩特別喜好唱歌，在家時倆人常常拿著麥克風合唱各種歌曲。因為要作的活動太多，再加上天氣太熱，這星期就來不及教他們種花了。

　　這次婆婆夏令營期間，有好幾天小亮和佳琪都意猶未盡，要求我們晚點送他們回家，好延長在婆婆夏令營的時間，我們作公公婆婆的聽了這 "extended day" 的要求，欣慰感動不已。前些年他們離開我們家後，家中就像被旋風吹過一樣，雜亂不堪。這次他們自動把沙發和椅墊一個個放回原處，也把玩具放回盒中，顯然長大懂事多了。很高興孩子們在暑假不但有機會能參加各種有趣的夏令營，還能享用獨特的婆婆夏令營，同時看著他們這麼高興又不斷地成長，自己頓時也覺得年青許多。這兩星期他們在 Maine 州露營，家中沒有了他們的歡笑聲，倒顯得太冷清了。就期待開學後再和他們過有規律和快樂的生活，充分享受天倫之樂。

（2019.08）

「春郊」

> 雲淡風清，微雨初晴，假期恰遇良辰。
> 既櫛我髮，復整我襟，出遊以寫幽情。
> 綠蔭為蓋，芳草如茵，此去天氣清新。
> 歌聲履聲，一程半程，與子偕行偕行。

　　這是一首舍妹雲青常喜歡唱的歌。她長年僑居南洋，在那裡成家工作退休，而今兒女孫輩承歡膝下。雲青很有耐心聽我講話，在越洋通話時，我們常常一講就是一兩小時。最近我們回憶往事時，才驚然發覺，我居然連她以前生活上的重要訊息都不知道，表示身為大哥的我過去對她太少關注，真是十分慚愧。

　　雲青出生於廣東省廣州灣市（今湛江市），抗戰中期從香港逃難到桂林，住了兩年，然後到柳州、都勻、貴定、而貴陽，抗戰勝利後才到達重慶。她考上了住家附近的小學上一年級，我因沒有考取學校的二年級，常常在街上鬼混，由家母教我二年級的功課。因等交通工具，一年後全家才得以坐到大木船沿長江東下，經漢口南京到上海，改乘海船到天津。在天津雲青先在附近的一個小學念二年級，後來考上了城中心有名的「培才小學」上三年級，每天她和住在後面家父同事的女兒婉芬姐一起上學。我在另外一個學校，先上了三年級上學期，然

後跳班念四年下學期，再念五年級。之後我們遷往上海住在南市區，我們都上附近的「惠真小學」。

　　半年後因內戰，我們又需要搬到台南。雲青先在「進學國民小學」上四年級下學期，一年半後，隨著她喜歡的級任老師，轉學到離家很近的「台南師範附小」。畢業後雲青考取了「台南女中」初中部，她說因為入學試要考註音符號，她一直都沒有正式學過，不太熟悉，所以她的入學考的成績，是所有同學中倒數第二名，但是她不久就趕上了。因初中三年成績優異，得以直升高中不必參加高中入學考試。高中時雲青特別活躍，是籃球和田徑校隊隊員，參加二百公尺接力和八十公尺低欄比賽。辦壁報，參加合唱團，尤以能演唱「藍色多惱河四部合唱曲」，印象深刻，引以為傲。早上全校晨操時她與另外一位同學在台上作示範操。在台南市街上大遊行時她是走在最前面的撐旗手。她雖然如此忙碌，竟然還為家父燙襯衫和為我燙校服。她在「台南女中」六年，我只進過她們校園一次，那是因為有一年校慶，學生在操場上露營，「台南女中」開放讓外賓參觀。不過我倒是熟悉她的幾位同學：喬玲麗保送台大物理系；王秀麗為當年大專入學聯考乙組狀元上了師大；謝道娥就住台南我們家附近；徐澄枝家離我們家也很近，高三暑假時她們共有五位同學都在徐家一起為升大學聯考準備功課；魏阿麗現在就住在馬州蒙郡，她的丈夫和我同為蒙郡義工園藝大師；黃富美台南立人國小畢業，當年我上進學國小時為學校棒球啦啦隊，我們兩校棒球隊曾參加錦標賽，幾十年後有一次我隨雲青參加了台南女中的聚會，黃富美還記得當年立人得了冠軍後，她也隨著大家在大街上參加慶祝大遊行。

高中畢業後全省聯考，雲青以高分考取了台灣的名校「台灣大學」。大學一年級的國文和英文課全校不分院系一起上課，每課共有二十多班，班級是按入學考試成績分班，我最近才知道雲青國文和英文都是正數第一班，真讓我佩服得五體投地。因為我考取台大那年的國文是正數第二班，而英文則是倒數第二班，實在是甘拜下風。雲青考進去時是法學院商學系國際貿易組，大學二年級時轉念會計組，就和家母是同一行了。大學一年級她和我同在校本部在台北市的南面，二年級時就搬去了台北市中心法學院，在那裡上課。最近我抱怨說在大學這段日子是我人生中最不快樂的時期，因為從小就嬌生慣養的我，從台南遠赴台北上學，一切都要自理，八人一間寢室，伙食哪有家裡的好，再加上厚厚的英文教科書，課程繁重，沒有安靜的地方可以自習，因為自顧不暇，也沒有參加任何課外活動。雲青聽後居然講她們還是二十人一間大統艙，她倒是過得很快活，書念得好曾得過「書券獎」，並有餘力參加大學的八十公尺低欄比賽，雲青很年青就信天主教，一直就有能隨遇而安順其自然的心態。

　　她念大學三、四年級時，我已畢業去服空軍預備軍官役，所以不知道她開始有了男朋友，大學畢業後不久，雲青和她的同班僑生蔡國平結為連理，勇敢地隨夫僑居馬來西亞首都吉隆坡。因為馬國公家機關不承認台灣的學位，所以台灣畢業的僑生多半在私人企業作事。雲青因為政府的辦公室離她們家很近，而且上班時間為上午八點到下午四點十五分，對她非常方便，所以也就忍了這口氣在政府機關上班了。不過是需要位居三等的職位作一等職位的工作，她作會計助理，管理預算和年終結帳，雲青作來得心應手，她補習了幾個月的馬來文，在

工作上也應付得來。原來馬來文是用英文字母併音的文字，許多發音和英文相似。雲青會說閩南語和英文，又學會了需要的馬來文，所以足夠在當地生活和作事了。

雲青有一兒一女及五個孫輩，他們分別住在吉隆坡和新加坡，所以雲青在兩地每年各住幾個月。雲青說她作長輩的哲學是：若是晚輩不問，她不會自動給意見，因為雲青認為至今她們都能妥善的處理各種情況。這我可作不到，我說我不能見死不救，不過我跟晚輩說好，我是一定會表示意見給他們作參考，不必一定採納。

雲青性情溫和，為人謙虛，很容易與人相處，並特別孝順和幫助別人。譬如婆家的十幾位年青親戚高中畢業後，她協助為他們介紹或申請工作，幸好都能找到各自認為合適的工作，再自己發展。其中一位非常努力幹出了一番事業，成立了基金，十多年來幫忙在家族中年青親戚深造，並支助在經濟上需要幫忙的孤苦老年族人。現在他們那一族每年農曆初二大聚會時，都對雲青很尊重，有一年並請雲青上台，表揚並感謝她相助之恩。家父母晚年的十年期間，雲青每年去台南住半年以便好好地陪伴他們，她對孝順父母的感想是盡孝要比順從容易。

不久前雲青過八十大壽，今特以此文及下面這首詩為她祝壽。

「賀雲青八十大壽」

雲淡風清好性情，孝順關懷誠感人。
十年台南孝親勤，關注親戚全族興。
兒女孫輩膝下歡，全家團圓樂融融。
隨遇而安度平生，杖朝之年當歡慶。

「註」杖朝：八十歲之稱

（2020.02）

3-07 寫給大姐夫趙炎武的信

（說明）多年前太座大姐家和我們在馬州博城，作了三十多年的鄰居，往來十分密切，我們常向大姐夫請教。這是去年我們寄往他在密蘇里州的信。

炎武大姐夫：

最近一位朋友要賣他們的一座在 Falls Chapel 社區的平房，我去看看是否適合年長行動不便時的住所。雖然這住宅區離我們家很近，但進入區中後轉來轉去，好久才到達這平房。立刻令我想到 47 年前您給我和勁戈的金玉良言：「不要買離大街太遠的房子，不然到那裡去都要花費許多時間。」我和勁戈能在 Potomac 買房、成家、立業、到退休，全靠您找到這個十分理想，交通方便，學區特優的小城來定居。

認識您五十五年來，也由您處增長許多見識。記得您和大姐帶我在 Waltham，Massachusettes 街上學開車，半路中我被前後擁擠的車輛嚇得驚叫，只好馬上停車在路邊。我和勁戈結婚時也是靠您和大姐百忙中破費張羅，婚禮後還在您們的公寓中招待客人。同您和大姐做鄰居三十年中，從做菜到參觀博物館，都能得益予您的博學多才。不僅宇文和雯綺能向您學習分解 Rubic Cubes，連雯綺的兒子小亮和女兒妹妹也有幸能在您回訪 Potomac 時同慈愛可親的大姨公一塊兒交談。最感人的是您多年對您的岳父母的敬愛和照顧無微不至，不僅讓他們安享餘年，也做我們要孝順長輩的好榜樣。

感恩節剛過，想到一定要向您表達我們感恩之情，讓您知道我們會永遠不忘您的恩惠。

小國和勁戈 敬上

2019.12.06

佳琪和慈愛的大姨公

第三章／親情篇

第四章／文藝篇

疏影橫斜水清淺，暗香浮動月黃昏。

　　北宋／林逋。山園小梅

世事洞明皆學問，人情練達即文章。

　　清／曹雪芹。紅樓夢

第四章／文藝篇

前言

萬萬想不到，我於二〇一六年九月一日，出了一本近四百頁的散文集『蔚蔚乎銀杏』（The Exuberant Ginkgo Tree）（註）。朋友不禁要問，以吾君一個直腸子的理工男，緣何有此雅興，舞文弄墨，還居然出起書來？要說清楚這件「驚天動地」的大事，還需讓我慢慢道來。因為出書以後的事最近才發生，記憶猶新，所以選擇倒序述說我出書的前後吧。先談談「出書之後」，再講「準備出書」，最後才說「出書之前」的種種，也借此機會與讀者分享這個特殊的經驗，或許可以給各位做個參考。

出書之後

我這是大姑娘上花轎：第一次出書。那天晚上在馬州博城，剛拿到新出的書，真是高興得不得了，可能比多年前在台灣高中畢業後，暑假的某一天晚上，從收音機聽到考取了國立台灣大學時還要興奮。拿起新書從頭到尾連看了好幾遍，把玩許久，真好像是丈母娘看女婿：愈看愈有趣，一連好幾個月都覺飄飄然的，人謂在夢中多會笑醒，都不為過。雖然出書純為自得其樂，但就像花轎中的大姑娘一樣，心理還是擔心不知道嫁過去後（出書後）婆婆（讀者）會不會喜歡。

意想不到的是，我這本書，還為親朋好友做了些好事。太座台北二女中初中同學張美陽，看過此書後，連絡到多年前為她補習過的老師杜國治，他是我在書中提

到的台大機械系同班同學。杜國治也因為此書的啓發，開始寫他的回憶錄。他的文筆生動，尤其是很會寫對話，是個可以寫劇本的人，大家都期待他早日出書。多年前從台灣精密儀器中心，來我們標準與技術研究院，作訪問學者的李金宏，看了此書後，願意開始寫他在北愛爾蘭念博士學位時，如何能解決了論文研究上瓶頸的奇遇。他的文筆流暢、生動，極其引人入勝。舍弟天中看過我的書後，引發他開始寫多年來豐富而驚險的經歷，我是拭目以待。

「三不朽論」最早出自春秋左傳，魯國人叔孫豹所提倡：太上有立德，其次有立功，其次有立言，雖久不廢，此之謂不朽。另外一位大學同班同學薛興成看過此書後，說我立德和立功是來不及了，出了這本散文集後，我可說是立言了。承蒙他誇講，說我做了不朽之事，真是受寵若驚。

準備出書

將近三十年來累積了約八十篇散文。二〇一六年初春忽然想到，明年二〇一七年正好是太座和我的金婚之禧，要是能趕在這之前出一本散文集作為紀念那該多好。但是由哪家出版社出版呢？台灣的出版商離這裡太遙遠聯絡不便，傳統式的出書法，有時還需將稿件寄來寄去費時又不方便。幸而聽說在馬州蓋城的丘宏義總裁，不到十年前創辦了美商漢世紀公司（e-Hanism Global Corporation），幫忙作者自主出書，一切可在網上作業。但是我覺得還是要見到「真身」談談，才比較踏實。於是約好六月十七日在蓋城見面，正巧也能見到他在台灣團隊的薛麗珍執行長，及國際開發部統籌劉婉伶。

在等待見面之前，我和太座一起將八十篇散文再仔細的逐篇遂字校正。其實在我寫每篇文章時，都由她過目、修正、和首肯後才去發表，她簡直就是本書的責任編輯。這八十篇文章本來是按寫作的年代安排的，想到出書時應照不同內容重新編排。名作家金庸的武俠小說有一本叫天龍八部，我就把我的稿件也分為八部，計有：人生軌跡、親情似海、文字文藝、美食天下、萬里遊踪、科技漫談、快樂義工、長壽／其他。我有一篇用文言文寫的散文，說明家父為我取名字的來龍去脈，是我「得意」之作，題目是「蔚蔚乎銀杏」，就決定用它作這本新書的書名。太座的二姐是一位藝術家，她特別為我用綠色和金黃色的銀杏葉加上黑底，設計了非常典雅的封面。

我和公司的團隊，如期在蓋城見面，他們三人為我仔細的解釋自主出版程序的細節。原來該公司主要負責排版、申請書碼、印刷、出版、及安排好經銷通路三處。作者不需預購數百或上千本新書，需要時則用按需印刷（print on demand）的方法購買所要的本數。作者負責供給校正好的稿件，照片、目錄、序言、書尾之跋、及作者和新書的中英文簡介。在準備書稿付印之前，多蒙劉婉伶女士多方幫助，深為感激。

為了出書我還臨時抱佛腳，學到了一些電腦作業，例如：如何將彩色電子相片轉換為黑白而仍保持清晰度，如何把稿件濃縮為 ZIP 文件以便在網上傳送。我那時正在做白內障手術，在要決定字體及字號時，就採用了十三號中黑體。台灣書的標準大小約為 6x8 英吋，而美國的則為 6x9 ，所以每頁的字數還差不多。上了年歲的親戚朋友都說很容易讀我的「大字」書。

出書之前

　　一九九八年我回台南探親，那年是家父的米壽，我特別請他給我一幅他的墨寶，家父就提肘用中楷毛筆，寫了唐朝杜牧的「山行」：

> 遠上寒山石徑斜，白雲深處有人家。
> 停車坐看楓林晚，霜葉紅於二月花。

戊寅春正　　勁戈索書
夏四　　時年八十有八

　　家父在家族中排行老四，故自號夏四。不僅如此，他還給我寫了宋朝蘇東坡的「念奴嬌」（赤壁懷古）：

> 大江東去，浪淘盡、千古風流人物。
>
> ―　―　―　―
>
> 人間如夢，一尊還酹江月。

　　這闋詞共一百字，他在高齡之年，也是提肘寫的。這兩幅字如今都掛在我們馬州博城家中。小時候家父要我們臨摹「麻姑仙壇記」的字帖，說是可以打下寫字的基楚，使我漸漸的學會欣賞字畫。家母喜歡看中外小說和古典文學書，我從小也跟著學樣。家父則是京戲迷，並參加了業餘京劇社，在家也常常哼幾句，讓我學到了些戲詞。他們倆也愛唱流行歌曲，有些歌詞我也聽了進去。再加上那時受到台灣中學很好的國文、音樂、和美

術教育，耳濡目染的，這一切大概讓我對音樂和文學頗為欣賞和愛好，並深感中文之美妙。

一個偶然的機會讓我第一次投稿。一九六三年，輪到美國印第安那州普渡（Purdue）大學中國同學會，主辦中西部各大學中國同學會聯合會。我因那時是普大同學會季刊的主編，用了特別的文體，在支加哥三民晨報刊登了「喜相逢」一文，歡迎大家來聯合會共襄盛舉。

搬來華盛頓附近的馬里蘭州，約二十年後，才陸續的開始寫些短篇散文。我何其有幸住在華府這人傑地靈的地方，它真是臥虎藏龍，人才鼎盛，孕育著文藝的氣息。例如這裡有紅樓夢大師王乃驥，名作家韓秀和於梨華，都筆耕不斷，他們這種堅持的精神，讓我非常欽佩並深受啟發，使得近三十年來，在寫作上稍微勤奮了些。當然一路寫來也多賴親戚、同學、和朋友的鼓勵和相助，並為稿件指正。

開始寫作時，我是一字一字的寫在稿紙上，然後電傳給一位女士替我打字，她再傳回來給我校正，如此往返數次，實在費時費力，進度很慢。後來多謝華府新聞日報的總經理李靜芳，送我一套小蒙恬中文打字的軟件光碟，方便我撰稿和投稿，她的日報更是我投稿的平台。寫作也勤快些，使得出書早日到來。

後語

一路過來，發覺寫寫文章和出書，帶給我許多好處。首先覺得生活有目的，每天起床後知道自己為何起床。再就是文章見報和出了書，很有成就感，不但是自得其

樂，也可以和親朋好友分享自己的經歷和想法。也使得我更關注周遭的人和事，讓生活格外的多彩多姿，亦可延年益壽。適逢金婚之禧，特以這本新書和此文，獻給太座 ——我的伴侶、牽手、諍友、（梅）老師。

真箇是：

賜墨寶兮感父恩，寫文章兮享延年。

出新書兮喜欲狂，獻太座兮慶金婚。

（註）書名：蔚蔚乎銀杏（The Exuberant Ginkgo Tree）

因為經銷此書的書店均可上網選購，對於讀者來說要方便得多。

此書由下列三處經銷：

（1） Amazon.com

在許多歐美國家都有分店可就近購買。

（2） 三民網路書店（San Min Book Co., Ltd.），主要是服務台灣、中港澳的學術界。

（3） 金石堂網路書店 （Kingstone），經銷亞洲各國。

（2017.04）

4-02 塗鴉的心路歷程

紅梅朵朵開

（筆者於 2018 年 1 月 13 日，在華府作家協會兩年一次的會員新書發表會上，作寫作心得之演講。現將該日講詞以口語方式寫成此文。）

（敲下驚堂木後，先念出一首七言絕句的定場詩）

> 失落番邦數十年，
> 人在華府又一天。
> 親朋好友來相聚，
> 喜氣洋洋賀新年！

金會長，大家好！

二〇一六年年初，一天清晨，我忽然福至心靈，想到多年來已累積了八十篇獨特而有趣的散文，是該出書的時候了。一向懶散的我，頓時變得和名作家韓秀女士一樣的勤奮。接着那幾個月來，日以繼夜的整理文稿。六月中旬和出版公司的團隊見面協商。當年九月一日，我這本「蔚蔚乎銀杏」（The Exuberant Ginkgo Tree ）散文集就開始在全球發行了。（在世界各地都可在 Amazon.com 上買到。）

各位可能要問，以你這位念理工的男生，如何有幸能沾上點文藝氣息？ 我自己有時也揣摩這個問題。想到基本上有下面幾個原因，首先我愈來愈覺得中華文化之

美，和文字持久不變。從詩經、楚詞，到大家各行各業的文字，上下兩千年都可以相通。再就是感激那時上海小學有很好的國文老師，和台灣中小學優良的國文、音樂、及美術的教育。最重要的還是父母親的薰陶。母親愛看中外長篇小說和唱流行歌曲，而父親喜好書法和唱京戲。例如流行歌曲「秋水伊人」：望穿秋水，不見伊人的倩影，更殘漏盡，孤雁兩三聲……。京劇「打漁殺家」的道白：「談談不覺紅日落，一輪明月照蘆花」。這些是多美的詞句！

一路塗鴉寫來有許多心得，現在就和各位分享下面三個體驗：

第一體驗是大膽嘗試。

就像在實驗室一樣，我試着用不同的方式來寫作。

（1）一九六三年我在美國 Indiana 州的 Purdue 大學研究院念書，常常趕往總圖書館，不是去查本科資料，而是搶去看中央日報副刊登載名作家於梨華寫留學生動人的故事。那年由 Purdue 中國同學會主辦「美國中西部中國同學會夏季聯合會」。我身為同學會季刊編輯，就在芝加哥三民晨報刊登了「喜相逢」一文，歡迎各地同學們來我校共享盛舉。那是我第一次投稿，並嘗試了用獨白體，也就是說我只寫了一個人的談話，而讀者可以猜出來另一位的問話。

（2）我很喜歡文言文的精簡。

因為朋友常問說：你看似溫文爾雅，語亦誠懇有禮，為何取名殺氣騰騰？為回答這問題，就用文言文試寫了「蔚蔚乎銀杏」，是篇自以為蠻得意的文章。再就是「煙燻火雞滋味多」，講到余致力於煙燻火雞愈四十年，其目的在求其色佳、肉嫩、而多汁也。

（3）我最愛好把文章的題目寫得別緻而醒目。

「糞車是我們的報曉雞：憶上海」，「鴨香不怕巷子深：巴黎尋奇與探勝」，「從大滷麵說起：有陽光的地方就有中國飯館」，「不管三七二十一： 有趣的數學」。都是我絞盡腦汁的成果。

（4）再就是挑戰大文豪蘇東坡。

在「鼓乎？雷乎？試解東坡的石鐘山記之謎」一文中，提到蘇東坡說前人不知其所以然，我則用物理來說明水洞發聲的原因，並指出蘇東坡也是知其然而不知其所以然的。

第二個體驗是多寫作就會擴充興趣的領域。

因塗鴉之故，我對許多人和事特別感興趣，好像掉進了聚寶盆似的，我發覺到可寫的題材愈來愈多，例如有關：生活、親情、文字、文藝、美食、遊踪、科技普及、義工、長壽等。生活變得很有情趣，人也開朗健談得多。

第三個體驗是經過推敲後的文章才更好。

二十世紀初，美國最高法院法官 Louis D. Brandies 說：「There is no great writing，only great re-writing。」 中國古人說得好： 玉不琢不成器。親朋好友尤其是太座，都對我的文章提供了寶貴的意見。同時我深信獨特而原創的想法最珍貴，當然編輯的貢獻也不可缺少，但是修改文章絕對不該改變作者的本意及其純真，也就是說不能過度修飾而使得面目全非。用下面的例子來作譬方。唐朝時楊貴妃的三姊，天色初亮就要去見唐明皇，那時天光較多，因此她不施脂粉，只淡粧畫眉而去。因為她「卻嫌脂粉污顏色，淡掃蛾眉朝至尊」，也就是說楊貴妃的三姊，不願意太多脂粉改變了她本來的美色。

總而言之，塗鴉帶給我許多樂趣，舉個例子來說，在我「從一通電話想起： 第八期預備軍官憶往」一文見報後，一天黃昏驚喜的接到來自德州的長途電話，打來的是家父在金陵大學同宿舍房間郭伯伯的長公子，他也會唱空軍軍歌，聊到後來我們竟然情不自禁的在電話上一同唱起「空軍軍歌」來了。

現在就請身為空軍子弟的金會長上台來，和我合唱「空軍軍歌」的前幾句，以結束此次演講。

凌雲御風去，報國把志伸。
遨遊崑崙上空，俯瞰太平洋濱。

看五岳三江，雄關要塞，
美麗的錦繡河山，輝映著無敵機群。

謝謝大家!

紅梅朵朵開

（2018.01）

4-03 網上自有黃金屋

　　退休最大享受之一就是能有時間在網上欣賞到許多有關文學、演講、和勵志的節目，現在描述和說明如下，願能引起大家的興趣。

1、紅樓夢導讀（白先勇）

　　從二○○二年起連續三年半，我參與在華府的讀書會每月聚會四小時，王乃驥大師注意細節，每回每段每個字地仔細念完了一百二十回的紅樓夢，我從此就深深迷上了這本經典小說。我們家牆上掛有紅樓十二金釵的刺繡、黛玉下棋的織錦、和許多討論紅樓夢的書。我更是遍尋有關紅樓夢的研究、演講、和課程。一次巧被白先勇人文講座吸引，發現這講座原來是由陳怡蓁女士與夫婿和姐姐所捐贈。她們多年前創辦了趨勢科技公司（The Trend Micro Inc.），是一家全球頂尖的資訊安全軟件公司。並設立了一家趨勢教育基金會，其目的是要把人文帶進科技，及用科技幫助人文。近年來慷慨捐贈了百萬美金，在台大文學院成立了「白先勇人文講座」，邀請全球人文大師們到台大演講，被邀請的大師中當然也包括白先勇。

　　據我母親的記憶，白先勇當年是和我在廣西桂林中山小學一年級同班。我小時糊裡糊塗，不知同班後來出了一位大名人，更沒料到幾十年後能在網上聽他在台大的演講。

白先勇台大外文系畢業，美國 Iowa 大學小說創作班碩士。著作有長短篇小說、崑曲中篇小說、和話劇「遊園驚夢」。在美國加州 Santa Barbara 大學教了二十九年的中英文紅樓夢課，於一九九四年退休。以後的二十年大力支持和推廣崑曲。

他於二〇一四年回到台大重執教鞭，親自為「白先勇人文講座」開了三學期的紅樓夢導讀課。可坐四百人的大教室每次都座無虛席。台大副校長、文學院副院長、及好幾位教授，有時都乘機洗耳恭聽。講課時他從小說家和戲曲家的觀點，用比較紅樓夢庚辰本和程乙本兩個版本（早年胡適就很欣賞程乙本這個版本），很生動地逐回逐段，來指導學生如何欣賞這部小說的創作、人物描述手法、和文字之美。每堂課都非常引人入勝，讓學生們走進了小說之中。我衷心感謝電視錄影，能使我在地球的另一端和學弟學妹們同有這個大好機會受益於白先勇大師講課。可感人的是他自己也非常投入，以近八十高齡，站着講完兩小時的課，還說怎麼又到下課的時候了。最記得白先勇在第一堂課中說，世界上只有兩種人，一種是讀過紅樓夢的，另外一種是沒有讀過紅樓夢的。讀過紅樓夢的人，從這本經典天書可以更了解中國的人生哲學、處世之道、和文字之美。太座戲說我們家就是有這兩種人。根據這次的導讀他於二〇一七年由時報文化出版公司出版了「白先勇細說紅樓夢」一書，我也立刻買了一部來繼續研讀。

《輸入 NTU OpenCourseWare（台灣大學開放課程），選擇 〈新百家學堂〉中的，白先勇人文講座 — 紅樓夢導讀（白先勇）。共四十五單元，每單元約兩小時。此導讀念完紅樓夢全本一百二十回》。

2、TED Talks（演講）

TED 最初代表 Technology、 Entertainment、 Design 方面的演講，如今幾乎包含各種主題，由 Sapling 基金會主辦。TEDx 則是由世界各地組織主辦多數為英文的演講，在台灣的組織則以中文演講。

十數年前太座上班回家，很興奮地建議我上網去看一位瑞典教授 Hans Rosling 在 TED 的演講，解說聯合國各國人口的變遷。他把許多很枯燥的統計數字，有效的利用圖表作生動的描述，給了一個與眾不同的演講，吸引了全球的注意。

五十年前我從開始就業時，就深深體會到演說技能的重要性，知道 TED 和 TEDx 網站後，更是常常去看各種演講的視頻。記憶猶新的例如 Angela Lee Duckworth 講「 Grit ： The Power of Passion and Perseverance」。那是一個非常有啟發性的演講，她說激情和堅持不懈是成功最主要的原因。最近在 TED 網站上看到 Matt Goldman 講「The Search for Aha! Moments」。他說小時候一位音樂老師和一位英文老師對他負面的評語，對他打擊很大。後來他創辦了 Blue Man Group 演出音樂劇的集團，說明他在戲團中，如何刻意的培養創新的環境，讓演員充分發揮潛能。 我還在 TEDx Goteborg 上看到瑞典 Christina Bengtsson 非常精彩的演講 「The Art of Focus － A Crucial Ability」。她是一位射擊國手，在演講中她用生動說故事的方式，描述如何集中注意力，而最終贏得奧運射擊冠軍，然後才講到專注力的重

要及方法。十幾分鐘的演說中，全場鴉雀無聲，大家都被她的演說及手勢吸引住。我連聽了四、五遍，我最近在作家協會的新書發表會上，講了「塗鴉的心路歷程」，就是應用了她演講的方法，得到很好的反應。

《輸入 TED 或 TEDx，就可享受包羅萬象的精彩演講》。

3、諾貝爾獎（Nobel Prize）

諾貝爾獎有一百一十六年的歷史，是世界上最有名望的獎項。每年十月我都喜歡上網去查看各類獎項得獎的詳情，包含物理、化學、生理／醫學、文學、和經濟，及得獎者第一次收到從瑞典告知得獎的電話時的反應。每年十二月則迫不急待的，到網上聆聽得獎者的學術演講、看授獎典禮、聽晚宴後得獎代表的簡短致詞、和看晚宴富麗堂皇的場面。猶記得二○一五年化學獎得主 Tomas Lindahl 在他晚宴後的致詞。他出生於瑞典，在首都 Stockholm 念完醫學院後才移民到英國。他回憶說在高中時一位化學老師給他很低的分數，幸好他父母親即時將他轉往另一所中學，遇到很好的老師，打下扎實的基楚，得以進入醫學院作研究，他強調一位好老師對學生的重要。諾貝爾獎得主多終生致力於學術研究。每當我意志消沉時，看一段他們的事蹟，讓我又振作了起來。

在我作研究的美國國家標準與技術研究院（National Institute of Standards and Technology, 簡稱 NIST），歷年來科學家中有許多精英。例如物理學家們 William D. Phillips、Eric A. Cornell、John L. Hall、和 David J. Wineland，以他們有關計量上的發現，都曾分別在 1997

年、2001 年、2005 年、和 2012 年，榮獲諾貝爾物理獎。Phillips 和另兩位物理學家得獎的原因，是他們發明的方法用雷射（Laser）可將原子冷卻到極近絕對零度，因而使得原子移動的速度緩慢到可供人觀察和測量。那年十二月十日，我們在 NIST 的大屏幕上，和同仁目不轉睛的觀看到諾貝爾獎在瑞典現場的授獎典禮，看到 Phillips 穿著燕尾服領獎時我們都起立鼓掌，深覺與有榮焉。

公元 2000 年，旅居法國，身為小説家、戲劇家、和繪畫家的高行健得文學獎，當年十二月七日在授獎之前，他給了約半小時的學術演講，主要是指出作家是獨特的個體，有敏銳的觀察力，他們在社會、國家、和世界應扮的角色。他是用中文講的，同時也被翻譯成英文和瑞典文。二〇一二年生於山東高密鄉，現住中國的莫言也得到文學獎，在得獎前三天也給了半小時的演講，他敘述自己小時喜歡在鄉裡到處聽故事，長大後就成了用小說來說故事的人。他用中文演講，同時被翻譯成英文、瑞典文、法文、德文、和西班牙文。他們倆人的演講我都聽了，深受感動並為他們感到驕傲。

《輸入 Nobel prize，可看到各種有關諾貝爾獎的視頻》。

4、中華好詩詞

「中華好詩詞」是一個設計得極為吸引人的詩詞比賽。比賽台上共有十二人：有一位十分能言善道的主持人王凱，比賽時由主持人問有關詩詞的句子、詩題、作

者和詩的背景；三位大學士多半為文學院教授負責解釋詩詞的疑點及背景；一位比賽者；六位守關者是由主辦單位挑選的，他們詩詞的功力由淺到深；及一位擂主（擂主是以前比賽時贏六關的比賽者）。比賽者需要一一擊敗六位守關者才能挑戰擂主，再次勝利就可登上擂主的寶座。比賽時由比賽者及守關者各站在一塊活動的地板上輪流作答，答錯或答不出時主持人很威嚴地說「後會有期」，腳下的地板忽然大開，他就撲通一聲地掉下去，真是觸目驚心，幸好坑底有許多很大很軟的海棉塊，才有驚無險。年輕人可能不怕掉坑，但要是我就因為怕掉坑而不敢參加詩詞比賽了。

比賽包括的選題非常精彩，例如：「千呼萬喚始出來」，說出下一句（猶抱琵琶半遮面）；或「落霞與孤鶩齊飛」的下一句（秋水共長天一色）；「翡翠衾寒誰與共」，猜上一句，普通我們都是順着背詩，所以要背上一句較難，這裡上一句是（鴛鴦瓦冷霜華重），又「大珠小珠落玉盤」的上一句是「嘈嘈切切錯雜談」；宋代三蘇是誰？是：（蘇洵、蘇軾、蘇轍）；「漫卷詩書喜欲狂」是誰作的詩？詩名是什麼？答：（杜甫，「聞官軍收河南河北」）；猜用彩色的沙作成的畫（沙畫），沙畫可能是一條小船斜停在江中，猜代表此畫的詩句，詩人是誰？詩題是什麼？答案是：（野渡無人舟自橫，唐代韋應物所作「滁州西澗」）。參加比賽的人都來自不同的行業，有：教師、高中生、大學生、研究生、軍人、警察、工人、農人、商人、服務生、家庭主婦，都對中華古詩詞有熱烈的愛好及廣泛又深入的研究，十分靈巧地對答如流，真令我欽佩不已。看了這些比賽讓我更想要多背詩詞，多了解詩詞和詩人的背景，也讓我下定決心繼續努力去背詩。

《輸入「中華好詩詞」即可看到各季的比賽》。

　　結語：　這些網站不但是我消遣的好去處，也增長了我在古典文學、演講、和頂端科技上的智識。確是網上自有黃金屋吧。

（2018.02）

作者

红梅朵朵開

　　前言：筆者於二〇一八 年二月十七日，狗年農曆初二，在馬州洛城雙溪圖書館內，華府書友會新春聯歡會上獻唱了一段京戲。當時筆者著藍布長衫，兩袖卷起露出一段白袖口，狀極「飄逸」。現將該日之演唱以口語方式寫成此文前段。

（敲下驚堂木後，念出一首自作的七言絕句定場詩）

書友創會廿三年，
人在華府又一天。
雙溪館內來相聚，
狗年大旺喜連連！

下官　夏勁戈　上台鞠躬。大家新年好！
稍後將為大家唱一段京戲「蕭何月下追韓信」。

請讓我先講一段歷史。話說秦朝末年，楚漢相爭。
項羽和劉邦爭奪皇位。劉邦的宰相蕭何深感千軍易得一
將難求，三次大力推薦韓信為大將，但不為劉邦重用，
僅派韓信當一名小官。韓信一氣之下不告而別，蕭何知
道後連夜追趕，苦口婆心得以勸回韓信，劉邦終於拜韓
信為上將統領前、中、後三軍。下面的唱詞為蕭何第一
次推薦韓信時所唱。在此新年佳節，特為各位貢獻這段
京戲，唱得好與不好，還請大家多多捧場。請會唱的朋
友們隨我一起唱這段西皮流水板。

我主爺起義在芒碭，拔劍斬蛇天下揚。
遵奉王約聖旨降，兩路分兵進咸陽。
先進咸陽為皇上，後進咸陽輔保在朝綱。
也是我主洪福廣，一路上得遇陸賈、酈生與張良。
一路上秋毫無犯軍威壯，我也曾約法定過三章。
項羽不遵懷王約，反將我主貶漢王。
今日裡蕭何薦良將，
但願得言聽計從重整漢家邦，一同回故鄉。
撩袍端帶我把金殿上，揚塵舞蹈見大王。

謝謝大家！

這次春節聯歡會有年畫、唱歌、唱戲、猜謎、抽獎
等節目，大家不知外面已大雪紛飛。在太座戰戰兢兢開
車回家時，我倒是陷入回憶中。回想起十八年前，我當
書友會會長那兩年的種種。記得華府書友會成立於一九
九五年十二月。創會會長林秀蘭及第二任會長張純瑛皆
一時之選，我是第三任。我們每月舉辦文學講座，宗旨
為提高會員對文學之欣賞能力，享受其樂趣，並以文會
友從而更涉足於文學之殿堂。

因為我的任期是兩年，共需籌劃二十四場演講，我
一開始就計劃將演講內容平均分配在四個領域：（1）中
國古典文學、（2）中國近代文學、（3）外國文學、及 （4）
其他文藝。兩年下來除外國文學較少而文藝較多之外，
中國古今的文學按計劃約占一半。多蒙副會長尹季穎人
脈圈廣，她推薦了華府許多文學家做主講人，讓會員們
享受了多彩多姿的節目。下面我列出那兩年的主講人及
講題，以保存一份完整的記錄，並利用這個機會為大家
回憶些有趣的小故事。以下 （2000.01） 代表 2000 年
一月的演講。

（1）中國古典文學
韓瑞　孫子兵法 （2000.01）
王乃驥 金瓶梅風月筆墨談 （2000.05）
韓瑞　水滸傳 （2001.05）
許翼雲 帝王術 （2001.06）
王乃驥 西門慶與孫悟空 （2001.07）

韓瑞是副會長尹季穎的夫婿，說得一口親切的東北話，他為我們拉開了序幕，很生動的講孫子兵法。我請他第二年為我們講水滸傳，他被我「逼上梁山」，真的去了一次山東梁山旅遊景點，在聚義廳附近照了許多照片回來，他很會講故事，又給了一次精彩的演說。

　　王乃驥大師精研金瓶梅與紅樓夢兩本古典文學著作，他很注意細節，並以書中的事實來解釋書中的疑點，講來頭頭是道，引人入勝。後來他出了「金瓶梅與紅樓夢」及「紅樓夢解紅樓夢」兩本書，可見他文學造詣之深。

　　（2）中國近代文學

　　朴蘭英　巴金的三部曲及其思想　（2000.04）

　　韓秀　　高行健其人其文　（2000.11）

　　張純瑛　余光中的詩與散文　（2001.03）

　　程明琤　散文寫作經驗談　（2001.08）

　　周涓　　竹禊　（2001.08）

　　張朗朗　王小波之小說與散文　（2001.09）

　　張明明　張恨水其人其文　（2001.11）

　　名作家韓秀博覽群書，常寫專欄介紹新書。第一年的十月初，諾貝爾獎委員會宣布旅法華裔作家高行健得公元 2000 年文學大獎。我一知道這個好消息，立刻就打電話請韓秀一個月後的十一月為我們講「高行健其人其文」。韓秀二話不說一口答應，並請了記者北明在演講當天為大家述說最近在法國採訪高行健的故事。那天真是一場及時而又特別精彩的演講會。

詞人周涓主持別開生面的節目「竹禊」，也就是竹之雅聚：國畫家劉似錦示範畫竹、幽默大師汪有序談竹之虛與實、書畫家毛戎講竹與畫竹、及崇啓鎮／王佩勳夫婦唱月光下的鳳尾竹。真是聚精英於一堂。

二〇〇一年八月底九月初我在土耳其的伊斯坦堡出差開會，會開完後九月十一日下午和太座逛禮品店，店員告訴說紐約發生 911 慘劇，但是飛機停止飛美國。我們頓時歸心似箭，沒心情繼續遊玩，要和親人朋友共度災難。本以為可以趕回華府主持張朗朗的演講「王小波之小説與散文」，看樣子是回不去了。幸好我平時常常和副會長尹季穎通電話，特別記得她的電話號碼，打通了越洋電話請她主持演講會並照顧一切。四五天後飛機繞道加拿大返回美國，在加拿大及華盛頓經歷到特別繁長的安全檢查，謝天謝地終於安全到家，可惜沒能聽到張朗朗的演講。

記得家母一向喜歡看民國初年名小說家張恨水多部小說，記得的有「金粉世家」和「啼笑因緣」，舍妹和我也跟著去讀。據報導當年小說在報上連載時，讀者都湧在報攤等報紙，先睹為快。書友會有幸請到張恨水之公子張任和千金張明明主講。張明明住在華府，是書友會的會員，她並帶來了張恨水的百部小説，讓大家大開眼界。

（3）外國文學

韓秀　十九世紀俄國文學

　　一　普希金的敘事詩及屠格涅夫的獵人日記（2000.03）

張寬　　從李白到莎士比亞
　　　　－ 中國十四行詩的問題 （2000.10）
張寬　　中國文學之德國風貌 （2001.10）

　　這兩年有關外國文學的演講很少。幸有曾在德國三
所著名大學研究的文學教授張寬，他收集西方漢學傳
統，在比較文學與世界文學、文化等領域頗有建樹。很
高興能請到張教授為大家分享外國文學的種種。名作家
韓秀曾生活在大陸、台灣、和美國等地，著作等身，她
為我們講平時不常涉獵的俄國文學，實在是很難得的機
會。

（4）其他文藝
張子寧　蘇東坡時期的人文畫 （2000.02）
錢世剛　西畫與國畫之異同及欣賞 （2000.06）
張惠新　崑曲 （2000.07）
呂大渝　電視主播－走向往事 （2000.09）
常青　　唐代藝術與文化 （2000.12）
孫禹　　音樂、文學、與生命 （2001.01）
張子寧　從盤古到秦始皇
　　　　－ 試説一個古老的故事 （2001.02）
徐敏　　陶藝 （2001.04）
楊先讓　徐悲鴻其人其畫 （2001.06）
王純傑　中國金石篆刻藝術 （2001.12）

　　這兩年來許多藝術家，為大家提供了繪畫、戲曲、
電視、陶藝、和雕刻等豐富的節目。 張子寧是

Freer/Sackler Gallery of Art 中文部主任，每年他都會舉行
一次三到六個月的特展，也常給遊客解說他計劃的特
展。我們乘這個機會，請他就展出的主題為我們演講。
我很喜歡聽他講如何吸引私人收藏者把藝術品捐贈給他
服務的博物館，及他為博物館購買藝術品的故事。他是
藝術史的專家，並有很寶貴的幻燈片，讓大家增長了許
多見識。

　　名書法及金石家王純傑解說印章與石才。他介紹印
章的起源與演變及刻印的技巧，及各種印章的材料。讓
大家深刻的瞭解到這項中國之綜合雕刻和書法的獨特藝
術。我在華府的餐館常看到他生動的書法，特別欣賞。

　　還有這兩年每次演講，都安排由一位會員會前在華
府各中文報紙發佈新聞，會後另一位會員寫演講報導，
很吸引大家的注意，因多數會員的參與和宣傳，所以來
聽演講的人很多，十分熱鬧。說來雖然已是十八年前的
事了，但這段美好的回憶彷彿就如昨日。

　　　　　　　　　　　　　　　　（2018.03）

4-05 書屋與書店

今年（2018 年）六月底七月初和太座在台北住了兩個多星期。舍妹雲青也從馬來西亞趕來相聚。有幸能有機會去了兩個頗居書香特色的地方。

益品書屋（EP-Books）

拉琴在書屋

太座住在台北的初中好友張美陽推薦我們去看看益品書屋。有天早晨，舍妹、太座和我三人先去逛了一下 101 大樓，許多賣帕來品的商店都是門可羅雀，倒是地下一層的小吃舖十分熱鬧。我們用了便餐後坐捷運（地鐵）從忠孝新生站五號出口後，走到座落在仁愛路二段 69 號第一層樓的益品書屋，附近沒有商店和飯館，是一個很安靜的社區。這是兩年前，台灣王品集團創辦人戴勝益，開設的一個類似圖書館的地方。他的理念是讓「閱讀成為台灣最美的風景」。

一進門，果然是個裝潢雅緻安靜清涼的好地方，使人完全忘卻屋外火辣辣的烈日。我們每人只需交新台幣一百元（約三元美金）的入場券（兒童免費），就可以從中午坐到晚上八點鐘，盡量享用咖啡、茶飲、和冰沙。屋內有許多大小不等的閱讀室，室內有很舒適而又美觀的桌椅和沙發。書架上約有三千冊有關生活、旅遊、美學、童趣、和飲食全是創辦人戴先生多年來收集的大本書。大概是因為暑假，許多家長帶著小孩，也有夏令營的老師領著學生們來看書。那天天氣很熱，室內冷氣十足，我拿著一杯冬瓜冰沙，坐在一個小沙發上看一本旅遊的畫冊，並聽到現場小提琴的演奏，真是人生一大享受。下次你若有機會去台北，不妨去那裡坐坐。

誠品書店

一直就聽說台北誠品書店二十四小時營業，是一個知名的旅遊觀光景點，這次我們就去了它的敦南總店。一進去後並沒有看到什麼觀光客，只見許多讀者靜靜地

坐在地上翻書。店內各類不同的書分區擺放，我首先直奔華文創作區，很失望沒找到自己兩年前出的散文集「蔚蔚乎銀杏」。倒是看到華府名作家韓秀最近出版的「尚未塵封的過往」，及華府紅樓夢大師王乃驥十年前出的書「紅樓夢解紅樓夢」，很顯赫的列在架上，我都照像留念，回華府後好告訴他們。

　　名作家白先勇在美國加州 Santa Barbara 大學教了二十九年中英文的紅樓夢課，於一九九四年退休。以後的二十年大力支持和推廣崑曲。他於二〇一四年回到台灣大學重執教鞭，親自為「白先勇人文講座」開了三學期的紅樓夢導讀課。講課時他從小說家和戲曲家的觀點，用比較紅樓夢「庚辰本」和「程乙本」兩個版本，很生動地遂回遂段，來指導學生如何欣賞這部小說的創作、人物描述手法、和文字之美。每堂課都非常引人入勝，讓學生們走進了小說之中。我衷心感謝台大開放課程的電視錄影，能使我在地球的另一端，和學弟學妹們同有這個大好機會受益於白先勇大師講課。根據這次的導讀他於二〇一七年由時報文化出版公司出版了「白先勇細說紅樓夢」一書，我也立刻買了一部來繼續研讀。根據書中所述，「程乙本」版本現已斷版，因為白先勇非常稱讚「程乙本」這個版本，所以時報公司因此特別重印發行以「程乙本」為底本的「紅樓夢」。我利用來誠品書店這大好機會定要買一套回家。在店員多方尋找之後，終於找到店內最後一套被我買到。一套三冊，每冊約有七百多頁，雖然很重，我也非常高興的捧了回家，深覺真是不虛此行。

（2018.08）

4-06 雜趣四則

雜趣之一：蘇州方言的對話

蘇州人講話一口吳儂軟語，很嗲，也很好聽，就像音樂一樣。現在用蘇州口音的中文來代表音樂的七個音調：

C D E F G A B
多 來 米 發 索 拉 西

下面是一位蘇州主人和僕人名叫來發的對話：

主人：「來發，米索西多來。」（來發，棉紗線拿來。）
僕人：「索米索西多來？」（什麼樣的棉紗線拿來？）
主人：「來米索西多來。」（藍棉紗線拿來。）
主人：「來發，多米。」（來發，淘米。）

雜趣之二：山東方言和英語

近年來，我常和一對山東夫婦，在住家附近散步聊天，他們告訴我說，山東煙台人，「肉」的發音是「YOU」。讓我想起一九八〇年代，大陸改革開放之後，在相聲中常提起，大家開始學講英語，據說就連北大的山東門房也會說幾句：

「來是 COME；去是 GO。

謝謝你是：三塊肉。」 （THANK YOU。）

為了要教我們外孫和外孫女的中文，我又編了下面幾句：

「馬是 HORSE；牛是 COW。

不客氣是： YOU ARE WELCOME。」

雜趣之三：數字七言打油詩

不記得是何時何地，聽到過一個數字歌，就在前面多加了二句，變成下面這首七言打油詩：

「數字遊戲真有趣，讓我現在告訴你：
一二三四五六七，八九十呀一十一，
十二十三又十四，十五十六又十七，
十八十九帶二十，還有一個二十一。」

去年暑假我們的小孫兒琅琅，去台北國語日報社參加夏令營和學中文。我就教了他這首打油詩，他馬上高興地朗朗上口。

雜趣之四：四川方言和家書

四川方言也很可愛，抗戰時曾在重慶住過的人都會

說四川話。丈人在世時，我們每年聖誕節大團聚，太座的哥哥最喜歡給大家用四川話表演念下面一段家書：

> 「Father mother 敬稟者 ay，
> 兒在校中讀 BOOKay，
> 門門功課都 GOODay，
> 唯有 ENGLISH 不及格 ay。」

　　在這新的一年，奉上雜趣四則，希望能在茶餘飯後，博大家一笑。

（2019.02）

4-07 背誦詩詞受益多

中國許多有名的詩詞歌賦，文字優美，壓韻易讀，吟唱起來多可朗朗上口，平添情趣，也可幫助增強記憶。根據腦神經科學家的證實，像我們這種用雙語的人，腦力較好而且腦子退化也較慢。雖然如此，但隨著馬齒加增，開始健忘，迎面而來的熟人，一時之間就是叫不出名字來；更有甚者，太座大人的耳提面命，一轉身就拋到九霄雲外，忘得一乾二淨，是該多多訓練腦力的時候了。

為了要訓練記憶力，我就聯想到排舞班有初級、中級、和高級，由易到繁，舞步也由十幾步到幾乎一百步；舉重訓練也是從輕到重，再加上人要作喜歡的活動才能持久，我既然熱愛中國詩詞，就試圖用背誦詩詞來增加記憶力，於是我把特別喜歡的一些詩句和歌詞由短而長地列出，先背短的，然後再背長的，逐漸增加難度，以增長記憶力。

1、五言、七言絕句（20、28 個字）

下面是兩首家喻戶曉的五言絕句：

《靜夜思》：李白（唐代詩仙）

「床前明月光，疑是地上霜。
舉頭望明月，低頭思故鄉。」

和

《春曉》：孟浩然（唐代山水田園派詩人）

「春眠不覺曉，處處聞啼鳥。
夜來風雨聲，花落知多少。」

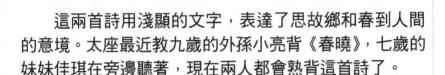

這兩首詩用淺顯的文字，表達了思故鄉和春到人間的意境。太座最近教九歲的外孫小亮背《春曉》，七歲的妹妹佳琪在旁邊聽著，現在兩人都會熟背這首詩了。

我比較偏愛七言絕句，因為 2-2-3 的結構，念起來很有韻味。下面是兩首我很喜歡的七言絕句：

《回鄉偶書》：賀知章（唐代詩人）

「少小離家老大回，鄉音未改鬢毛催。
兒童相見不相識，笑問客從何處來。」

和

《楓橋夜泊》：張繼（唐代詩人）

「月落烏啼霜滿天，江楓漁火對愁眠。
姑蘇城外寒山寺，夜半鐘聲到客船。」

抗戰勝利後，一九八〇年初，我再次回到了四川。參觀了中國計量院成都分院，並作學術演講。臨行時院方請我在紀念冊上留言，我就題了這首《回鄉偶書》。另

外我們家客廳牆上掛著一幅《楓橋夜泊》的拓本。據說因為這首七言絕句，許多遊客都專程到寒山寺付錢去撞鐘。

小時候還喜歡唱下面這首打油詩，覺得很調皮地唱出要逃學的嚮往。第一、二、四句末的天、眠、年字都很壓韻，使得這首歌可以很輕快的唱出：

《懶學歌》：七言打油詩

「春天不是讀書天，夏日炎炎正好眠，

　待到秋來冬又至，收拾書包好過年。」

2、詞牌和歌曲（36、48個字）

許多宋詞很有韻味，我也非常愛吟，例如：

《相見歡》：李煜（南唐國君、著名詞人）

「無言獨上西樓月如勾，寂寞梧桐深夜鎖清秋。

剪不斷，理還亂，是離愁，別有一番滋味在心頭。」

如果配上音樂就更能記住其詞句了。這首《相見歡》劉家昌就曾為它作曲，而一經鄧麗君唱出，就紅遍了兩岸三地，大家都喜歡唱它。

有些流行歌曲也很壓韻，例如：

《望春風》：李臨秋詞/鄧雨賢曲（1933 年後台灣閩南語流行歌曲）

「獨夜無伴守燈下，清風對面吹，
十七八歲未出嫁，見著少年家，
果然標緻面肉白，誰家人子弟，
想要問伊驚歹勢，心內彈琵琶。」

早年我們家從上海搬到台南，我在進學國民小學上六年級下學期。全班約五十位學生中，只有我和另一位女同學來自內地，我們倆只會說國語，其他同學都說閩南語。所以我那時就學會了聽閩南話，也會說一些。這首歌我會用閩南話唱，也常在與台灣有關的聚會上勇敢地高聲唱這首歌。閩南話是中國古語，唱起來很壓韻也很好聽。據說《望春風》一曲還是台大醫學院非正式的院歌。

3、五言、七言律詩（40、56 個字）

《春望》：杜甫（唐代詩聖）

「國破山河在，城春草木深，
感時花濺淚，恨別鳥驚心。
烽火連三月，家書抵萬金，
白頭搔更短，渾欲不勝簪。」

這是杜甫一首有名的五言律詩。因爲廣東話是中國的古語，華府詩友社開會時，若遇到有些用國語念起來不太壓韻的詩句時，就請廣東詩友來念。雖然家父是安

徽人，但會說流利的廣東話，因耳濡目染我也會講一些。
這首詩中的「心」和「金」字，用廣東話念是「生」和
「跟」的音，就很壓韻了。

《錦瑟》：李商隱（唐代著名诗人）

「錦瑟無端五十絃，一絃一柱思華年。

莊生曉夢迷蝴蝶，望帝春心托杜鵑。

滄海月明珠有淚，藍田日暖玉生煙。

此情可待成追憶，只是當時已惘然。」

這首七言律詩最後兩句是名句，常被大家引用。

4、文章

《武訓興學》：清朝傳統文化

（首段 107 個字，全文共 603 個字。）

「莫嘆苦，莫愁貧。有志竟成語非假，鐵杵磨成繡
花針。古今多少奇男子，誰似山東堂邑姓武人！武先生，
單名叫做訓。兄弟早死，父母又不存。饑寒交迫難渡日，
沿門托缽受苦辛。武先生，做乞丐，有深心。他見邑人
知識淺，少年失學是原因。長恨自己力薄家又貧，哪有
金錢辦學校，教育清寒子弟們！」

（此為文章四段的首段）

抗戰勝利後第二年，我們全家自重慶順長江到上
海，而後坐船遷往北方的天津，我在那裡念小學四、五

年級。記得那時念到這篇武訓興學，就非常喜歡，因為它可以朗朗上口，而且情節感人。多年後在台北也有一位義丐，用他乞討來的錢蓋了一個免費圖書館，報上登載此新聞時，就引用了這篇文章。

紅梅朵朵開

另外還有三篇我很喜歡的古文：北宋古文運動代表歐陽修的《醉翁亭記》、魏晉田園詩人及文學家陶淵明的《桃花源記》、和唐代文學家王勃的《滕王閣序》。

我在上海念小學六年級上學期，最記得上國文課時，老師用上海話教《醉翁亭記》，文中前後幾句是：「環滁皆山也，其西南諸峰林壑尤美。----醉能同其樂，醒能述以文者，太守也。太守為誰？廬陵歐陽修也」。尤其是老師念到最後一句，聲音拖長，搖頭擺腦的味道十足，至今難忘。

《桃花源記》是陶淵明虛構之與世隔絕的桃花源：「林盡水源，便得一山。山有小口，彷彿若有光。便捨船從口入。初極狹，才通人。復行數十步，豁然開朗」。一九九一年到一九九七年，現代主義建築大師貝聿銘用了七年時間，在他八十歲時，在離日本京都一小時車程的深山內完成了美秀美術館（MIHO Museum），此美術館是根據《桃花源記》一文中的意境而創造的一個世外桃源。

《滕王閣序》是唐初四傑之一的王勃二十五歲時所作。我在二〇一一年隨太座去江西南昌作尋根之旅時，登上過重建的滕王閣。《滕王閣序》一文中有許多我喜歡的名句，例如：「飛閣流丹，下臨無地。」、「閭閻撲地，

鐘鳴鼎食之家。」、「落霞與孤鶩齊飛，秋水共長天一色。」、「閒雲潭影日悠悠，物換星移幾度秋？」、「閣中帝子今何在？檻外長江空自流！」。

5、七言古詩（616、840 個字）

　　《琵琶行》和《長恨歌》同是唐代名詩人白居易，流傳後世的兩首七言長古詩。《琵琶行》是述說白居易自己的感懷，借琵琶女的身世，寫被貶後的心情。《長恨歌》則是寫唐明皇和楊貴妃纏綿而又飄渺的愛情故事。這兩首古詩有許多值得背誦的佳句。

　　《琵琶行》中的佳句有：「千呼萬喚始出來，猶抱琵琶半遮面」、「嘈嘈切切錯雜彈，大珠小珠落玉盤」、「曲終收撥當心劃，四弦一聲如裂帛」、「門前冷落車馬稀，老大嫁作商人婦」、「夜深忽夢少年事，夢啼紅妝淚闌干」、「同是天涯淪落人，相逢何必曾相識」、及「座中泣下誰最多，江州司馬青衫濕」。

　　《長恨歌》中有許多大家都熟悉的佳句，例如：「天生麗質難自棄」、「回眸一笑百媚生」、「後宮佳麗三千人，三千寵愛在一身」、「驪宮高處入青雲，仙樂飄飄處處聞」、「西宮南內多秋草，落葉滿階紅不掃」、「鴛鴦瓦冷霜華重，翡翠衾寒誰與共？」、「忽聞海上有仙山，山在虛無飄渺間」、「風吹仙袂飄飄舉，猶似霓裳羽衣舞」、「在天願作比翼鳥，在地願為連理枝」、和「天長地久有時盡，此恨綿綿無盡期」。

　　我特別欣賞這兩首古詩的意境和文筆，總想把它們都背誦下來。《琵琶行》有六百十六個字，我斷斷續續的

試了約一年，最多只能背出不到三分之一。《長恨歌》有八百四十個字、約三十五行，我最多只能背出前面十行，及後面零零碎碎的佳句而已。想到這大概要有超人的記憶力才行。

二〇一七年元旦我們到住在附近維州的表侄女家晚宴，她八十四歲的母親就是我的表嫂。晚餐時我順便提起自己試圖去背誦這兩首古詩的困難，表嫂說她可以試試。飯後大家在客廳坐下，表侄女拿出手錶計時，我借了表嫂的一本唐詩三百首對照。約十二分鐘，表嫂將共一千四百五十六字的兩首古詩，一字不差的全部背出。平均約一秒鐘背兩個字，不快不慢，中間也沒有停頓，十分流利的背了出來。真讓我望塵莫及，佩服得五體投地。原來表嫂以前作過小學國文老師、小學校長、及管轄數個小學學區的主任。她說她特別會記老師和員工的名字，大概是這種訓練增強了她的記憶力。她讓我知道背誦一千多字是絕對可能的，正是所謂的「臥虎藏龍」，高手就在眼前吧！

背誦詩詞，可以欣賞文字之美、培養文學素養、和健腦增強記憶，真是一舉多得，受益良多。幸而得到表嫂榜樣的啓發，相信我如勤於練習，持之以恆，假以時日，也可能一口氣把這兩首長詩背出來的。

（2019.02）

4-08 詞韻心聲

中華文化博大精深，流傳千年的經典作品，承載著千千萬萬人的情懷與思慮，其中古典詩詞尤為經典中的精品，最美麗又最有魅力。我很欣賞古典詩句，但更愛好那些有韻味的古典詞句，其中兩位著名詞人李後主和李清照所填寫的詞含有豐富的感情，有起伏，有旋律，都可以朗朗上口，百讀不厭，所以我背誦了許多我最喜歡的句子。

李後主和李清照的身世很相似。他們前半生充滿了歡樂和柔情蜜意，後半生卻因為亡國或亡夫，嘗盡了痛苦、悲傷、和悽涼。知道他們一生經歷和背景，更能深深體會到詞中的心境。

李後主

李後主名李煜，生於公元 937 年卒於 978 年，享年僅四十一歲。他是南唐中主李璟第六子，出生時正是南唐開國之年，二十四歲繼任皇位，立大周后為皇后。那時南唐就已經向北宋稱臣進貢。李後主二十七歲時大周后去世，四年後立大周后之妹為皇后。

李後主對大周后用情極深，一人填詞一人彈奏詞調，夫唱婦隨恩愛有加。下面這首「一斛珠」可以看出兩人打情罵俏情意綿綿的濃情蜜意。

「一斛珠」南唐。李後主

晚妝初過，沈檀輕注些兒。

向人微露丁香顆；一曲清歌，暫引櫻桃破。

羅袖裛殘殷色可，杯深旋被香醪涴。

繡牀斜凭嬌無那；爛嚼紅茸，笑向檀郎唾。

　　李後主雖然很愛大周后，其實對她的妹妹小周后也是一往情深，大周后為他的皇后時，李後主就和小周后偷情相遇，下面這首「菩薩蠻」就寫出小周后撒嬌的模樣。

「菩薩蠻」南唐。李後主

花明月黯飛輕霧，今宵好向郎邊去。

剗襪步香階，手提金縷鞋。

畫堂南畔見，一向偎人顫。

奴為出來難，教君恣意憐。

　　後來北宋宋太祖欲招李後主進北宋都城開封，李後主不從，兩國交惡。李後主三十七到三十八歲時北宋與南唐交戰，三十九歲時南唐亡，李後主成為南唐最後一位君主，他和小周后同被宋太祖俘捉，從南唐都城南京送往開封，同年宋太宗繼位。宋太宗不僅監禁李後主，進而常召小周后進宮，這種亡國之痛和眼看愛妻被霸佔的侮辱，真是情何以堪，兩年後李後主被宋太宗毒死，幾個月後小周后因悲哀過度而死亡。李後主在被監禁時仍然填了許多流傳千古的詞，以下這首「烏夜啼」和「虞

美人」確實道出了極其痛入心扉的情懷。

「烏夜啼」南唐．李後主

林花謝了春紅，太匆匆，

無奈朝來寒雨晚來風。

胭脂淚相留醉，幾時重？

自是人生長恨水常東。

「虞美人」南唐．李後主

春花秋月何時了，往事知多少？

小樓昨夜又東風，故國不堪回首月明中！

雕闌玉砌應猶在，只是朱顏改，

問君能有幾多愁？恰似一江春水向東流！

李清照

北宋自公元 960 年到 1127 年，南宋則自公元
1127 年到 1279 年。李清照生於公元 1084 年卒於
1155 年，也就是北宋末到南宋初這段時期。她父親李格
非進士出身是蘇軾的學生，藏書甚豐，工於詞章。母親
是狀元王拱宸的孫女，所以很有文學修養。李清照十八
歲時與二十一歲的太學生趙明誠在北宋都城開封成婚，
兩家的父親多為朝廷高官，但站在新舊黨不同的派系，
使得小夫妻倆夾在中間十分為難。

李清照出嫁後與丈夫十分恩愛，兩人在一起時常常
討論金石書畫，共同致力於書畫金石的整理。丈夫因公
遠行時，她常託人帶去所填之詞以表思念之情。下面這

首「一剪梅」和「醉花蔭」就可看出她相思之苦。

「一剪梅」宋。李清照

紅藕香殘，玉簟秋，輕解羅裳獨上蘭舟。

雲中誰寄錦書來？雁字回時，月滿西樓。

花自飄零水自流，一種相思，兩處閒愁。

此情無計可消除，纔下眉頭，卻上心頭。

「醉花蔭」宋。李清照

薄霧濃雲愁永晝，瑞腦消金獸。

佳節又重陽，玉枕紗廚，半夜涼初透。

東籬把酒黃昏後，有暗香盈袖。

莫道不消魂，簾捲西風，人比黃花瘦！

李清照四十三歲時北方女真族建立的金朝攻破開封，北宋滅亡。宋高宗趙构遷到河南商丘建立南宋。夫婦倆流寓南方境遇甚苦。兩年後趙明誠病逝，從此她過了漫長二十六年孤苦的生活，七十一歲在悽涼中悄然辭世。

李清照後半生遭遇到喪夫之痛，恩愛夫妻如今天人永訣，再也不能舉案齊眉琴瑟和弦，夜深人靜，那濃濃的思念之情難以自拔。在「聲聲慢」和「武陵春」中道出她的悲哀。「聲聲慢」中第一句就是非常有名的十四個疊字，連同「武陵春」中的名句：只恐雙溪舴艋舟，載不動許多愁，把她喪夫之痛深刻地表達得一覽無遺。

「聲聲慢」宋。李清照

尋尋覓覓，冷冷清清，悽悽慘慘戚戚，
乍暖還寒時候，最難將息。
三杯兩盞淡酒，怎敵他晚來風急。
雁過也，正傷心，卻是舊時相識。
滿地黃花堆積，憔悴損，如今有誰堪摘？
守著窗兒，獨自怎生得黑！
梧桐更兼細雨，到黃昏點點滴滴。
這次第，怎一個「愁」字了得！

「武陵春」宋。李清照

風住塵香花已盡，日晚倦梳頭。
物是人非事事休，欲語淚先流！
聞道雙溪春尚好，也擬泛輕舟；
只恐雙溪舴艋舟，載不動許多愁！

　　李後主與李清照很技巧地透過詞句述說了他們的心聲，千年後的讀者還是能夠隨著那些詞句和他們一起歡樂，一起悲傷不已。證明了兩位文學家偉大的動力和永恆的價值。

（2019.09）

《念奴嬌。赤壁懷古》北宋。蘇東坡

大江東去，浪淘盡，千古風流人物。

故壘西邊，人道是，三國周郎赤壁。

亂石崩雲，驚濤拍岸，捲起千堆雪。

江山如畫，一時多少豪傑。

遙想公瑾當年，小喬初嫁了，雄姿英發。

羽扇綸巾，談笑間，檣櫓灰飛煙滅。

故國神遊，多情應笑我，早生華髮。

人生如夢，一樽還酹江月。

因為家父和家母的關係，我似乎和蘇東坡冥冥中似乎有奇妙的緣份。所以對蘇東坡的寫作和生平事蹟特別感興趣。

家父生於清末民初，曾受教於私塾老夫子，因此他國學根底深厚，並寫得一手好字。在他八十八歲時，特別為我提肘用中楷毛筆寫了這首蘇東坡的「念奴嬌。赤壁懷古」，字體蒼勁有力，我把它裱好後掛在客廳牆上，可以常常欣賞這首大氣磅礴的詞。三國時的赤壁是在湖北宜昌近三峽之地，而這首詞是蘇東坡在被朝廷貶到湖北黃州之後，在黃崗西北的赤壁所寫。蘇東坡是見了黃崗的赤壁，懷念起三國時的赤壁有感而發的。雖然被貶，字裡行間仍發出豪然正氣。

家母的故鄉在江蘇宜興，小時曾在家鄉紀念蘇東坡的「東坡小學」上過課。「東坡小學」北宋時為「東坡書院」，為蘇東坡講學之處。相傳蘇東坡曾於公元 1071、1073、1074 年，他三十四、三十六、三十七歲時，到過宜興，並曾在宜興湖泊地區購置了房產，他的三個兒子曾在此住過，自己卻沒有能在此山明水秀之地安度晚年。

蘇東坡名蘇軾，公元 1037 年，北宋仁宗時生於四川眉山，歷經英宗、神宗、哲宗，公元 1101 年於徽宗時在江蘇常州去世，享年六十四歲。蘇東坡二十歲時與弟弟蘇轍同中進士，他們與父親蘇洵三人史稱三蘇，和其他五人同為唐宋散文八大家，蘇東坡為詩詞書畫散文全才。蘇東坡曾任：浙江杭州、山東密州、浙江湖州、湖北黃州、河南汝州、廣東惠州、及海南島儋州，等地的地方官。在任時若正逢水災、旱災、蟲災、和疫災，他都全力整治，盡量減少百姓的疾苦，深得大家的愛戴。蘇東坡在政治理念上，覺得雖然新法理想很高，但執行起來毛病叢生，百姓負擔加重痛苦不堪，所以反對新黨宰相王安石的變法，因此仕途坎坷，大起大落。但在他的作品中可以看出他不屈不撓，為人豁達，會苦中尋樂，隨遇而安，他在失意時仍積極地面對困境，這種生活態度實為高超。我很喜歡也會背誦幾首蘇東坡的詩詞，多為他三十多歲後的傑作，特此再加上一些小故事，按他作品的先後錄之於下，和大家一起來欣賞。

公元 1073 年蘇東坡三十六歲時，任浙江杭州通判，寫了下面這首描述西湖美景的七言絕句，尤其是最後兩句，是很多人耳熟能詳的詩句。

《飲湖上初晴後雨二首》之二

水光瀲灩晴方好，山色空濛雨亦奇。

欲把西湖比西子，淡妝濃抹總相宜。

　　公元 1075 年蘇東坡三十八歲時，任山東密州知州，填了下面這首豪放詞，寫出了渴望報效朝廷保衛國家的壯志。

《江城子。密州出獵》

老夫聊發少年狂，左牽黃，右擎蒼，

錦帽貂裘，千騎卷平岡。

為報傾城隨太守，親射虎，看孫郎。

酒酣胸膽尚開張，鬢微霜，又何妨？

持節雲中，何日遣馮唐？

會挽雕弓如滿月，西北望，射天狼。

　　公元 1076 年蘇東坡三十九歲，在山東密州中秋時，見到明月，想念七年沒見的弟弟蘇轍，並思想起人世間的悲歡離合，填了下面這首非常有名的詞牌，我尤其喜歡最後兩句詞。

《水調歌頭》

明目月幾時有？把酒百問青天。

不知天上宮闕，今夕是何年？

我欲乘風歸去，又恐瓊樓玉宇，高處不勝寒。

起舞弄清影，何似在人間？

轉朱閣，低綺戶，照無眠。

不應有恨，何事長向別時圓？

人有悲歡離合，月有陰晴圓缺，此事古難全。

但願人長久，千里共嬋娟。

　　公元 1054 年，四川中岩書院王方進士，將十六歲
知書達禮的女兒王弗，許配給他十八歲的學生蘇東坡，
成為他的賢內助。可惜好景不長，十一年後兩人在京城
河南開封時，王弗便因病去世，對蘇東坡是難以忍受的
打擊。先葬於京城，一年後蘇東坡親自護送妻子的靈柩
改葬回四川老家。十年後 1076 年蘇東坡三十九歲時，
他因屢遭貶謫，來到山東密州。有一夜他忽然夢到愛妻
王弗，悲痛不已，想到她現在埋在千里之外的孤墳中，
便寫下了下面這首傳誦千古，非常感人肺腑的詞句。

《江城子。記夢》

十年生死兩茫茫，不思量，自難忘。

千里孤墳，無處話淒涼。

縱使相逢應不識，塵滿面，鬢如霜。

夜來出夢忽還鄉，小軒窗，正梳妝。

相顧無言，惟有淚千行。

料得年年腸斷處，明月夜，短松崗。

　　公元 1079 年蘇東坡四十二歲，經歷了他一生最驚
心動魄的事件，那就是烏台詩案。那時新黨主持朝政，
蘇東坡在調任浙江湖州知州後，按慣例給當時的皇帝神

宗寫了一份《湖州謝表》。他在謝表中寫道：「陛下知其愚不適時，難以追陪新進，察其老不生事，或能牧養小民」。當時認為「新進」是對變法新人的貶稱，而「生事」則認為是攻擊新法的用語。就是這兩句話被新黨抓住了把柄，再加上收集了一些詩文，認為蘇東坡這些言論包藏禍心、對皇上大不敬、任意謾罵、及沒有守住為臣子的節操，把蘇東坡關入大牢打算處以死刑。所幸神宗並沒有要殺了蘇東坡，再加上曹太后和一些大臣的請求，才免於一死，只是被貶往湖北黃州作個小官。但就在這個時期蘇東坡寫下了本文開始時所錄的千古名作《念奴嬌。赤壁懷古》。

　　公元 1083 年蘇東坡四十六歲時，雖然仍在被貶往的黃州，但他能隨遇而安，有閒情逸致與友人夜遊，寫下了知名的短文《記承天寺夜遊》。並寫下內有名句「天涯何處無芳草」的《蝶戀花。春景》。

《記承天寺夜遊》

　　元豐六年十月十二日夜，解衣欲睡，

　　月色入戶，欣然恋起行。

　　念無與為樂者，遂至承天寺尋張懷民。

　　懷民亦未寢，相與步于中庭。

　　庭下如織水空明，水中藻荇交橫，蓋竹柏影也。

　　何夜無月？何夜無竹柏？但少休閒人如吾兩人耳。

《蝶戀花。春景》

　　花褪殘紅青杏小，燕子飛時，綠水人家繞。

　　枝上柳綿吹又少，天涯何處無芳草！

牆裡鞦韆牆外道，牆外行人，牆裡佳人笑。

笑漸不聞聲漸悄，多情卻被無情惱。

公元 1084 年蘇東坡四十七歲時，他離開了黃州貶所，在赴河南汝州時經過江西九江，與友人參寥同遊廬山，寫下了下面這首家喻戶曉的七言絕句。

《題西林壁》

橫看成嶺側成峰，遠近高低各不同。

不識廬山真面目，只緣身在此山中。

2011 年秋，我陪太座和她的長兄及姐妹們，去江西省尋根和旅遊，我們很高興看到了廬山，覺得廬山多峰，從遠處不同角度看都有不同的景色，立刻體會到「不識廬山真面目，只緣身在此山中」這兩句名詩。

蘇東坡不但能寫作，也是一位美食家。相傳公元 1089 年蘇東坡五十二歲，在作杭州知州時，大力整治西湖。在疏通西湖後，修築了有名的蘇堤，百姓非常感激，送給他很多豬肉和黃酒，蘇東坡認為應該和老百姓分享，就請家人將五花肉用草繩紮緊，加以黃酒，一起作成紅燒肉給百姓送去。大家都說紅燒肉，色澤紅亮，香酥味美，肥而不膩，非常可口。大家吃後交相讚美，稱之為東坡肉，其美名傳至今日。多年前，台灣國立師範大學國文系名教授陳新雄，到我們華府書友會演講，那天的講題有關蘇東坡，我們的一位會友傅雲女士還特別作了美味的東坡肉給大家分享。

公元 1094 年蘇東坡五十七歲，新黨章惇任宰相，蘇東坡因發表反對新政言論，又被貶至廣東惠州作寧遠軍節度使。他本以為會到一個荒蕪之地，到後發覺風景美不勝收，表示要長住在這裏。蘇東坡在惠州時為當地築亭、建橋、修堤改善環境而忙碌。三年後並高興地寫到：「報道先生春睡美，道人輕打五更鐘」，這些詩句傳到章惇那裡，認為蘇東坡的貶謫生活太舒適了，再將他貶到更南面海南島的儋州。

　　公元 1097 年，蘇東坡六十歲時遷到了儋州，那裡十分荒涼，房屋破舊，但蘇東坡能隨遇而安甘之若飴。他幫忙改進當地的教育，並提議而創建「載酒堂」，在內以文會友，傳播中原文化。在蘇東坡的影響下，儋州人吟詩作對聯蔚然成風。他後來曾說「問汝平生功業，黃州惠州儋州」，認為自己對這三處的貢獻很大。三年多後，他奉詔得以回京，但因年老力衰，長途跋涉，公元 1101 年蘇東坡六十四歲時不幸逝於江蘇常州。

　　綜觀他的一生，蘇東坡真是一位達觀，感情深厚，愛國愛民，又很有生活情趣的大文豪，值得我們效法。很慶幸他能留下這麼許多經典名作，讓近千年後的我們得以欣賞。

（2019.11）

4-10 從「出水芙蓉」聊起

我一向愛看電影。小時候因為抗戰逃難，走過大江南北。後因內戰避居台灣，過了一段平靜的日子。大學畢業後，單槍匹馬遠渡重洋，負笈他鄉，進修成家立業。從小到大到現在，很高興在這期間有機會能看到許多難忘的中外電影：有的是因為劇情感人肺腑，有的是中文翻譯的電影名字特別傳神，還有的是因為在特別的時間和地點去看的，它們都帶給我莫大的樂趣。

抗戰勝利後在重慶，最記得家母帶我們去看了一場電影，那可是生平第一次，就宛如昨日。電影是「出水芙蓉」（Bathing Beauty），由伊淑惠蓮絲（Esther Williams）主演的花式游泳喜劇，我們真是看得目不轉睛。還記得男主角男扮女裝，在跳舞時踩到一張糖果紙，他將糖果紙轉粘到其他跳舞者手上，然後傳來傳去，惹得觀眾哄堂大笑。因為家母常常提起她，我一直記得伊淑惠蓮絲這個漂亮的中譯名。她本來要參加 1940 年在日本的奧運，因日本要準備打仗而取消了這次的奧運。後來 1984 年在洛杉磯的奧運，她那時已六十三歲，寶刀未老，仍被請去作花式游泳示範表演。伊淑惠蓮絲在 2013 年去世，享年九十二歲高壽。

後來在天津時記得看過兩部中國電影。一部是「天字第一號」，由歐陽莎菲主演，是一部令人緊張的抗日地下工作者的間諜片，她的工作同志是地字二十一號。另一部是「十三號凶宅」，由女低音歌手白光主演，是一部恐怖片，最記得電影開始時，訪客敲了一家深宅大院的大門，門開處只見一張瘦長的臉出現在整個銀幕上，害

得全場觀眾大驚失色。還記得那時看過 Disney 的卡通電影「白雪公主」（Snow White and Seven Dwarfs），那是第一次看卡通片，非常喜歡，尤其是七個矮人工作完畢，從寶石礦區排隊回家，現在還會哼他們唱的歌：

Heigh-ho, Heigh-ho!
It`s home from work we go.
Heigh-ho, Heigh-ho, Heigh-ho!

在上海的時間很短只住了半年，好像沒出去看過電影，只記得常聽到些流行歌曲：「三輪車上的小姐」、「糞車是我們的報曉雞」（倒馬桶）、及周璇的「夜上海」和「龍華的桃花」。

在台灣上學和服兵役共有十二年，看了很多中外好電影，有的是在特別情況下看的。例如在台南一中高中二年級暑假，我本來要參加救國團暑期登山大隊活動。那天和家母上街準備應帶之物，順便看了一場電影「翠翠」，劇本是由沈從文的「邊城」改編的，由林黛和嚴俊主演。情節中有山崩的險景，看完電影後，家母覺得參加登山大隊太危險，就叫我改去霧社的野營大隊，我這位聽話的兒子不敢違母命，立刻照辦。還有我在台灣大學時選修德文，在上德文課期間正好有一部德國電影在台北上映，大家都在教授的建議下去看了，電影名是【Der Lindenbaum】（譯為菩提樹，應為椴樹）。另外我們第六宿舍 205 室的室友們還同去看了「Anastasia」（真假公主），看過後大家討論就是不明白主角倒底是真的還是假的公主，我就寫信給當年的影評家老沙顧影請教，很高興收到他長達五六頁的回信，但他也沒有說清楚真假。

紅梅朵朵開

電影像文章或書名或講詞一樣，要有吸引人的名字，有些看過的電影中，我最佩服的是中文片名翻譯得特別雅緻，例如：飄（Gone with the Wind），明月冰心照杏林（Not as a Stranger），無情荒地有情天（Untamed），美人如玉劍如虹（Scaramouche），地老天荒不了情（Magnificent Obsession），魂斷藍橋（Waterloo Bridge），大江東去（River of No Return），亂世忠魂（From Here to Eternity），翠堤春曉（The Great Waltz），原野奇俠（Shane），朱門巧婦（Cat on a Hot Tin Roof），和綠野仙蹤（The Wizard of Oz）等。

在美國近五十多年，我對其他 Disney 的電影也特別偏愛，例如：Pinocchio（木偶奇遇記），Cinderella（灰姑娘，或仙履奇緣），Alice in Wonderland（愛麗絲夢遊仙境），Sleeping Beauty（睡美人），Mary Poppins（歡樂滿人間），都是具有豐富想像力的作品。

另一難忘的是一部日本電影「Shall We Dance（隨我婆娑）」，全是日本演員，情節很微妙，男主角演技很好。劇情是說在日本一個已婚的公務員，有一天晚上下班後在火車上往外張望，連續兩晚在一幢大廈的二樓，看見一位女士單獨一人站在窗前，大廈牆上印有教跳交際舞的廣告，第三天晚上他就在那站下車登樓去那家跳舞廳。在日本這個保守的社會，一位結了婚的男士居然獨自去學跳舞，就好像在外有了情婦似的，這是不可思議的一件事。但是這位男士是因為每天過著刻板的生活，想嚐試跳舞的樂趣，最後他不但學會了跳舞，而且還參加了跳舞大賽。劇中的故事曲折有趣，舞姿優美，引人入勝，非常值得慢慢觀賞。後來美國也拍攝了一部同名的電影，我還是覺得日本版微妙得多。

名導演張藝謀，是中國第五代導演，1980 年代從北京電影學院畢業，早期執導三部電影的特點是具有主觀性和象徵性，想要探索民族文化和心理，和畫面色彩鮮艷，與早期中國電影頗多灰暗相比，大為不同，令人耳目一新。他 1988 年的電影「紅高梁」是以抗日戰爭及 1930 至 1940 年代山東高密城民間生活為背景的故事，故事中的主角和他的一幫人都是土匪式的英雄，他們做壞事也報效國家。劇本改編自 1987 年莫言的同名小說，莫言後來得二〇一二年諾貝爾文學獎。張藝謀在 1990 年發表的電影「菊豆」是說一個染坊主人的故事，電影中不僅劇情複雜，而且染坊的大布條色彩非常鮮明耀眼。「大紅燈籠高高掛」是 1991 年出品的電影，由 1990 年蘇童的小說「妻妾成群」所改編，講述民國期間一位富豪的幾房姨太太爭風吃醋，引起了一系列的悲劇，電影反映了那個時代社會貧富不均，弱者之可悲。

紅梅朵朵開

179

我對電影「臥虎藏龍」（Crouching Tiger, Hidden Dragon）的印象十分深刻，這不是一般打打殺殺的武俠片，而是一部感人的愛情故事片，是由台灣屏東出生的李安所導演。他是我台南一中高中後屆的校友，他就讀時他的父親李昇正好作台南一中的校長。台南一中是一個注重理工的學校，但這不是李安所好，他後來考上了北部的國立藝專學習電影。畢業後去美國 Illinois 大學得了導演學士，之後在紐約大學得到了電影製作碩士。畢業後六年來一直在等拍電影的機會，同時努力寫劇本，家庭多靠微生物學博士夫人不辭辛勞的支撐著。皇天不負苦心人，1991 年台灣新聞局舉辦劇本比賽，李安的「推手」獲得首獎，並由中影公司資助拍攝，在 1991 年上映，從此李安在導演的路上一帆風順。他的前三個作品被稱為父親三部曲：「推手」（Pushing Hands）、「喜宴」

（Wedding Banquet）、「飲食男女」（Drink Eat Man Woman），因爲這三部電影的中心都是圍繞父親而來。我買了「飲食男女」和「臥虎藏龍」的 DVD，有時會放出來欣賞，百看不厭。

李安是位很謙虛的導演，爲人溫文儒雅。他很認真學習各種新的拍攝方法，敢於嘗試各種題材，有自己的一套理想。例如「理性與感性」（Sense and Sensibility） 是 Jane Austen 的作品，李安啓用有經驗又演過 Shakespeare 劇的女演員，並能說服她照著他的指示去演。在「斷背山」（Brokeback Mountain） 中，李安敢碰觸兩個牛仔同性戀的題材。「少年派的奇幻漂流」（Life of Pi） 這本書的一人一船一虎的題材，沒有其他導演勇於嚐試。李安就是要試試看，他因此領著大批人馬到台灣，成功地拍了一部 3D 電影。老虎是由台灣電力公司的電腦專家們模擬出來的，大海的海浪是在李安嚴格的要求和監督下，在台中大水池中由人工逼真的造出各式各樣的海浪。李安的到來，提升了台灣製作電影的水準，使得大家都非常振奮。名導演 Steven Spielberg 曾執導過「E.T., The Extra Terrestrial」和「Indiana Jones and the Temple of Doom」等名片，在兩次奧斯卡最佳導演的競賽中，李安都勝過 Spielberg 而取得了最佳導演的頭銜。李安這位導演大師，有頭腦，有獨特的見地，真讓我佩服得五體投地，連連叫好。

「Mister Rogers' Neighborhood」 是 1968－2001 年一個很受兒童歡迎的電視節目，在我們兒女小時候我常陪他們觀看，Fred Rogers 用很溫和及平靜的語調，跟孩子們講述成長過程中常常經歷的事物，及如何培養同情、寬容、愛人、善良、信任、和大方的心態。在如今

的亂世實為一道清流。兩天前我和太座去附近的電影院，看了一場電影叫「A Beautiful Day in the Neighborhood」。這部電影實是對 2003 年去世的 Fred Rogers 致最高的敬意。電影劇本源自 Esquire 的記者 Tom Junod 於 1998 年在深度訪問 Fred Rogers 後，發表的一篇得獎的文章，題目為「Can You Say Hero？」。電影描述一位難忘父親拋棄妻小悲痛的記者，和在他訪問 Rogers 時多次深度的交談和觀察後的感悟。電影中的兩位男主角，Tom Hanks 演 Rogers 時出神入化，而 Matthew Rhys 則演 Junod 起先記恨父親當年母親病危時離開他們母子，後來因為受到 Rogers 的感悟而原諒了父親，演得非常逼真動人。電影讓我們知道 Fred Rogers 不僅經由他的電視節目影響了眾多的兒童，而且許多和他接觸的成年人，也深深受到他愛好和平互助的感染。

紅梅朵朵開

181

　　一路聊來，真是想不到居然有這麼多好電影伴我走過了許多歲月。電影真是一種有力的媒體，它不止是可以娛樂大眾，更可以啓發我們討論一些重要卻令人困擾的議題。

（2019.12）

4-11 鼠年化〈畫〉鼠

任他雪山高萬丈，太陽一出化長江。
任他愚癡煩惱長，智慧一顯天地寬。

高雄 靜觀寺 慧律法師 「智慧語錄」
慧律法師在語錄中，勸世人心胸要開闊，擺脫煩惱。

　　我初中就讀於台南二中，地近台南公園，學校建築紅磚黑瓦非常漂亮。學校老師皆為一時之選，學校很注重美術和音樂教育，下課期間同學們塗塗畫畫的，十分熱鬧，初中是我一生中最快樂的一段時光。我那時從同學處，學到了用中國字和阿拉伯數字來作畫。今年是鼠年，就讓我用慧律法師語錄中的「化」字，來畫一張尖嘴長尾巴的小老鼠，願鼠年逢凶化吉，並用阿拉伯數字畫了一個小人頭。

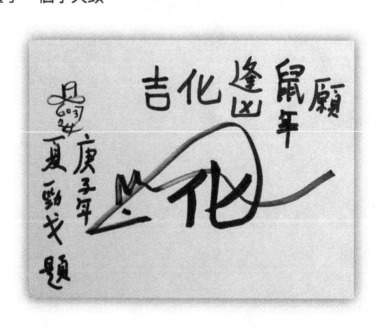

記得以前小時候，家母告訴舍妹和我說，房樑上老鼠發出吱吱的聲音，因為它在數銅板，表示今年財源鼎盛。有一些關於鼠的吉祥話，在此用來祝福大家：

　　鼠年大吉，玉鼠迎春，非你莫「鼠」，「鼠」不勝數。

　　瑞鼠運財，玉鼠送財，金鼠旺財，金鼠進寶。

　　老鼠跌進米缸裏 ---- 因禍得福。

　　「鼠」不盡的美滿生活。

　　鼠為生肖首，春乃歲時先。

　　一年四季春為首，十二生肖鼠為先。

　　今年 （2020） 是庚子年，一百二十年前 1900 年也正好是庚子年，那時因義和團之亂，引起八國聯軍，而有了庚子賠款。而今也是天下大亂鼠輩橫行，古時有些用來責罵鼠輩的話和歇後語，也大致可以用到：

　　鼠頭鼠腦，賊眉鼠眼，獐頭鼠目，

　　膽小如鼠，鼠竊狗盜，目光如鼠。

　　過街老鼠 ---- 人人喊打。

　　貓哭老鼠 ---- 假慈悲。

　　狗捉老鼠 ---- 多管閒事。

　　出洞的老鼠 ---- 東張西望。

　　千里馬逮老鼠 ---- 大材小用。

　　張飛看老鼠 ---- 大眼瞪小眼。

　　時令已到三月，春暖花開，大地回春，希望能夠平安渡過這個鼠年，人人康健，闔家歡樂，國富民安，世界太平。

（2020.03）

4-12 親愛的安徒生爺爺

（易嘉潔是舍妹雲青的小外孫女。此文是 2017 年嘉潔就讀於馬來西亞吉隆坡華文小學六年級時所寫。）

您好！您是我的偶像。我從小就特別喜歡您寫的故事。每次我拿起《安徒生童話》，我都會沉迷其中。

我特別喜歡您寫的兩本書。其中一個是《賣火柴的小女孩》。當我讀到這本書時，我流了好多眼淚。下雪的一個冬天，小女孩光着腳在大街上走，又冷又餓，好可憐哪！

跟書裡的小女孩相比，我的生活真的很幸福。有父母的呵護，老師的諄諄教導，有同學的幫助，為我的生活帶來便利，衣食不愁，還有什麼理由不去珍惜時間，好好讀書呢？

我喜歡的另一本是《丑小鴨》。雖然小鴨被其他小鴨鄙視，但它沒有自卑，還努力地活着，憑自己的才能變成一只漂亮的白天鵝。

這個故事教會我無論如何都不能自卑，要勇於奮鬥，就可以改變自己處境的道理。

安徒生爺爺，您是一位優秀的童話大師。您的想像力豐富，您把童話人物描寫得栩栩如生，真讓人喜愛。

我一定會努力學習，長大後像你一樣寫童話，讓我的子孫後代讀我寫的童話。

謹祝
萬世留芳

紅梅朵朵開

　　　　　　　　　易嘉潔　上
　　　　　　2017 年 3 月 18 日
　　　　　　　　（12 歲）

4-13 我們要參加畢業旅行團

（易嘉雯是舍妹雲青的大外孫女。此文是 2007 年嘉雯就讀於馬來西亞吉隆坡華文小學六年級時所寫。）

「同學們，老師有個壞消息要告訴你們。」這時四十九雙眼睛盯著老師，大家迫切想知道是什麼壞消息。老師凝視大家好一會兒，「同學們，基於安全問題，校方決定要取消今年的畢業班旅行團！」老師一口氣地把話說完。同學們仿佛塑像一樣，愣在那兒，一動也不動。課室頓時安靜了下來，連一支針掉在地上也聽得見。

呆了整五分鐘，同學們才「醒」了過來。課室裏頓時像一滴水掉進油鍋，炸開了！同學們議論紛紛，大家的情緒高昂。同學們的嘆息和埋怨聲充斥著整間課室，我卻泄氣地坐在一傍。為什麼，為什麼，為什麼取消畢業旅行團？之前，老師不是答應帶我們到浮羅交怡 — 檳城三天兩夜遊嗎？

每年，學校都會為畢業生辦畢業旅行。我們是即將畢業的一羣，滿懷希望可以參加畢業班旅行團。可是，我們卻不能參加畢業班旅行團！其他學校的畢業生可以參加旅行團，去新加坡，甚至香港呢！去年的畢業生也參加了畢業旅行團哪！這對我們真不公平！不公平！太不公平了！

我們將會離開母校，和親愛的同學及老師們各分東西。畢業班旅行團讓同學們交流，使彼此的情意更近，

第四章／文藝篇

更讓我們學會獨立。將來，這六年同窗的朋友再聚在一起，是一件不容易的事呀！

　　我們是守規矩的一羣，不做讓師長担心的事，希望校方能讓我們參加畢業班旅行團！

易嘉雯　上

2007 年

（12 歲）

第五章／科普篇

科學發展的終點是哲學，
哲學發展的終點是宗教。

美籍華人／楊振寧。名言名句

科學是人生中最重要的，
最美好的和最需要的東西。

蘇聯／契訶夫。名言名句

第五章／科普篇

在中外歷史上頗多頓悟的時刻，也就是所謂之 aha moment。現舉幾個例子如下，並加上自己最近的體驗與讀者共享。

1. 聰明的阿基米德 （Archimedes）

在科學史上有一個非常有趣的故事。就在秦始皇統一中國度量衡時，公元前二百七十五年，相傳希臘的一個國王 Hiero II 拿了一個純金塊，要金匠打造一頂皇冠獻給寺廟。皇冠作好後，國王懷疑金匠可能滲了些便宜的金屬，就叫有名的科學家阿基米德 （Archimedes） 去研究一下。

阿基米德接此任務後，就日思夜想，怎麼能在不破壞皇冠的情形下找到答案。有一天當他踏進澡盆洗澡時，注意到盆中水位上升滿到了盆外，忽然福至心靈想到該怎麼作，興奮得沒披上浴袍光著身子就往大街上跑，並一面大叫：Eureka! Eureka! （頓悟；希臘語，我找到答案了）。原來他想到因為一般便宜的金屬其密度都比純金小，如果金匠用便宜的金屬代替一部份的純金，而又要使總重量和原來的純金一樣，那皇冠的體積會比用純金來打造的要大很多。這樣的皇冠如果放入水盆中，水位的上升會比純金打造的要高。測量比較後，果然發覺金匠在皇冠中滲了銀子。Eureka 就變成任何人長年努力，而最終找到答案時驚喜若狂的口語。

2. 有悟性的慧能和尚

　　我對禪宗接班的故事極感興趣。相傳唐朝貞觀之治時期，佛教禪宗五祖弘忍，要大家各作一偈以找接班人。偈為佛教術語，中文意譯為「頌」，即一種略似於詩的有韻文辭，通常以四句為一偈。一般認為最有希望的接班人是大弟子神秀，他寫的一偈是：

　　「身是菩提樹，心如明鏡臺，

　　　時時勤拂拭，勿使有塵埃。」

　　那時慧能是在廚房內幫忙的小和尚，別人告訴他神秀之偈，慧能雖然不識字，忽然福至心靈，請人寫下一偈：

　　「菩提本無樹，明鏡亦非臺，

　　　本來無一物，何處惹塵埃。」

　　五祖弘忍因為慧能偈中空靈的意境，覺得其悟性更高，對於禪宗佛理的認識更深刻，更具慧根，頗適合自己想要改進禪宗的想法，因此就將衣缽傳給慧能，成為禪宗六祖曹溪慧能大師。五祖並授以金鋼經，六祖慧能言下大悟。

3. 推翻愛因斯坦大師的定律

　　話說一九五六年 Princeton 大學的楊振寧和 Columbia 大學的李政道兩位理論物理學家 ，共同研究

推翻了愛因斯坦關於粒子物理的 Parity Conservation 定律，並指出如何用實驗的方法來證明他們的新理論 Parity is not conserved。是物理學發展史上的一個重大事件。

那時物理學家吳健雄和楊李較熟，也知道在我做研究的美國國家標準與技術研究院（National Institute of Standards and Technology, 簡稱 NIST）的低溫實驗室有一個 Cloud Chamber 的儀器可以用來證明楊李的新理論。於是她和四位 NIST 的物理學家，其中包含 Ernest Ambler 和 Ralph Hudson 合作。他們在一九五六年的聖誕節和新年假期之間還在埋頭作實驗，終於成功了，Hudson 也在實驗室的筆記本上用鋼筆寫下 EUREKA（頓悟） 六個大字母，以表他的興奮。這筆記本現在還陳列於 NIST 博物館中。一九五七年十月楊李因為新理論及實驗的證明，榮獲諾貝爾 （Nobel） 物理獎。後來吳健雄得到美國物理學會最高獎，Ambler 作了我們 NIST 的院長，而 Hudson 則成為 NIST 熱學處的處長。一九九七年得諾貝爾獎四十週年紀念時，李政道還由姪女陪同，從紐約來我們研究院講他最新的研究成果。我有幸能聽到李政道的演講，感到無比的興奮。

4. 學太極拳的頓悟

我們的外孫和外孫女，每星期日上午都去座落在 Julius West 初中校舍內的黎明中文學校上課。學校也有為成人安排的體育活動。我參加了太極拳初級班，由朱殿蓉師父指導，時間是從上午十點鐘到十一點十五分共七十五分鐘。因為每次需要站立七十五分鐘，上課時雖然穿了加壓長襪，一堂課上到後來有點吃不消，只好靠

牆站立。一學期下來腿功練得不錯，現在可以不需靠牆站立了。

我們練的是楊式太極拳共有三十七式。說起三十七這個數字，很巧的是黎明中文學校教的中文註音符號也是有三十七個。這三十七個是最基本的音，每個音都是獨立的不含其他的音。對太極拳來說這三十七式可能也是最基本的架式吧。我想不管是多少架式，如果我們練拳時能集中精力去練，就能排除雜念，達到放鬆心情的效果。

朱師父教我們練太極拳時要「腳踏實地」，脊椎骨要垂直於地面，呈「頂天立地」的姿勢。全身放鬆，力量由腳傳到腰，由身體傳至雙臂。整個身體呈「懶洋洋」狀，但這個懶不是懶散，還是能受到下意識的控制，是所謂的「用意不用力」吧。在這種放鬆的狀態，出手的力量反而更有力，簡直就是從「無」中而生「有」。猶記得初學騎腳踏車時，因為害怕而將把手用力握得緊緊的，反而不能將車龍頭控制好，學會騎車之後，只須輕輕握住把手，就能騎得很穩了，這可以說是放鬆的好處了。

今年一月初天氣特冷，不能每天在戶外步行鍛練身體，就轉到附近室內商場走四圈，每次約一小時。有一天忽然福至心靈，想到走路時可照朱師父的方法從頭到腳將全身放鬆，包含：頸子、肩膀、雙臂、胸、腰部、大腿、膝蓋、小腿、和腳。我並不特別控制自己的腿腳去走路，而是隨心所欲自然的走去。出乎意料的是我走得比以前要快，而且一小時走下來也不覺得累。這個「頓

悟」真讓我喜出望外雀躍不已。

　　最後讓我與讀者分享王維的一首可使人心情放鬆的
五言律詩來結束本文。

唐／王維「酬張少府」

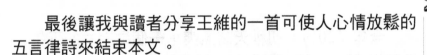

　　　　晚年惟好靜，萬事不關心。

　　　　自顧無長策，空知返舊林。

　　　　松風吹解帶，山月照彈琴。

　　　　君問窮通理，漁歌入浦深。

（2018.02）

5-02 喬治退休了

　　今年（2019）初秋天高氣爽，一個星期六的下午，從馬州博城家開到蓋城 124 號公路後，轉往一條上坡的羊腸小道，在五點鐘之前終於到達小樹林中的住屋。今天是史蒂夫和他的德裔夫人為喬治舉辦的退休宴會，我們都是座落在蓋城國家標準和技術院（National Institute of Standards and Technology，簡稱 NIST）的同事。喬治和他的夫人蘇菲也正好和我同時到達，在我和他倆一起走進史蒂夫的家時，我不禁回憶到喬治是怎麼會來 NIST 工作的。

　　我在 NIST 工作時的上司是米處長，他是德國西柏林名校 Free University of Berlin 的光學博士，著作等身，也是一位善於識人的伯樂。一九八四年我和他一起去巴黎開會，有一天會後，米處長邀請喬治和我們共進晚餐，餐後我們在香榭大道旁散步。喬治是匈牙利人，是匈牙利技術大學電子工程博士，那時在匈牙利國家科學院作研究。我很清楚的記得，在散步時米處長極力推薦和勸說喬治移民來美國，到我們 NIST 作研究。果然喬治被說動了，夫人蘇菲也放棄在匈京非常優厚的會計工作，兩年後他全家於一九八六年移民到美國，

　　米處長真是慧眼識英雄，喬治到 NIST 工作後，對光量探測器的計量和製作貢獻很大，三十三年來共發表了一百八十篇學術論文，2010 年他和主人史蒂夫並因完成了高精度光量標定系統，而得到美國商部最高榮譽的金質大獎。喬治為人謙虛樂觀，說話輕聲輕氣的，時露笑容，並彈得一手好鋼琴，他說他喜歡彈浪漫爵士音樂，

在匈京上大學時為了補貼開支，曾在餐廳和旅館彈即興爵士樂，可以不停的彈一兩小時，真是位天才，當晚在主人的鋼琴上，也表演了一手給大家欣賞。

後來喬治的二兒子安德魯和媳婦也來了，他夫婦倆就住在喬治蓋城家隔壁。我和安德魯說他長得真高，他說他是家裡三個男士中最矮的，只有六呎四吋，父親喬治六呎五，住在加州的哥哥彼特最高，有六呎六吋。安德魯還記得他們剛來美國時，和我們兒女見過面，他們四人的年齡都很近，並保留著一同拍的照片，時間過的真快，一恍已經是三十多年前的事了。

不久另一位 NIST 的同事吉野也到了，他是日本京都大學工程博士，原在大阪松下電器公司作事。一九八〇年底來 NIST 作了約一年半的訪問學者，米處長再次慧眼識英雄，極力勸說吉野來 NIST 作研究，吉野的夫人由美也很喜歡這裡的環境，他們於一九九二年移民美國，吉野開始在 NIST 工作。吉野的研究精神和成果，套句日語真是「一級棒」，他果然不負所望，發表了近二百篇學術論文，被選為 NIST 的院士，這是研究人員最高的榮譽，因為只有 NIST 百分之一的研究員才有此殊榮。他並獲得美國總統頒發的聯邦工作人員特優獎、美國商部銀質獎、能源部獎。二〇一五年他當選為國際照明協會總會長任職四年。吉野也熱愛彈鋼琴，他搬來美國時，用大價錢把他的鋼琴從大阪運來美國。他喜歡彈古典樂曲，當晚也表演了一番。

我於一九九〇年初，在吉野作了 NIST 訪問學者回國之後，去日本出差，由吉野陪同參觀了松下電器公司，

他們平時穿灰色制服上班，有外人訪問時，就加穿西裝外套來招待訪客，同時也讓我看到了全體員工在大廳內晨操，練身體和培養團隊精神。他們每天作事時間較長，怪不得後來到 NIST 工作後說比在日本輕鬆多了，但我們覺得他比大家都更賣力。松下電器黃昏下班後，我還跟著同事們一起去飯館小飲，在日本下班時，在地鐵上有兩個時段的人潮，一個是約六點鐘，另外九點鐘時是補習後的學生，及下班小飲後的上班族。我在吉野家裡的塌塌米上睡了兩晚，房屋小巧玲瓏，盡量利用有限的空間，廚房地板下也用來作貯藏之用。一九九二年吉野家剛搬來美國在等公寓時，我們請他全家在我們現在的屋子內住過兩個星期，以後兩家也格外保持來往。

　　其他 NIST 的同事們也絡續的到了。艾瑞克是本土美國人，伊利諾大學理論物理博士，一九九四年加入 NIST。他說加入之前曾參觀過我們幾個實驗室，他開玩笑說，到我實驗室時，就因為我講的一番話使得他決定留下來在 NIST 工作，我可不記得我當時說了什麼金玉良言。常聽他說起他的夫人是上海人，一直到今晚才有緣相見，用上海話和她交談，倍感親切。另一位同事尤金也是上海人，也是一九九四年加入 NIST，他剛來時，大家覺得他沒有英文名字叫起來不方便，就給他取了個和中文名字音相近的尤金。他由中國有名的浙大光學工程所畢業，成都中國科學院電光所碩士。負責發光二極體光度和顏色的量測，發明雜散光的測試方法並取得專利，真是令人佩服。

　　一九九一年蘇聯解體，成為俄國，它的有些科學家開始移民西方國家，有三位就到了 NIST 我們處作研究，其中一位叫賽爾格的比較健談，他來了不久就說你

們這好像各色人種都有，因為在俄國的研究所都是清一色的白種人。其實我們計量科學（Metrology）這一行，大家都覺得是四海之內皆兄弟姊妹也。猶記得多年前我們五位同事，代表美國出席一個國際會議，其中只有一人為土生土長的美國人，其他四位來自德國、匈牙利、南斯拉夫、和中國。又譬如 1997 年諾貝爾物理獎得主 William D Phillips，他的 NIST 小組只有四個人，但是世界各國約有十幾位科學家都來 NIST 參與研究，真是所謂的集思廣益。

很高興退休後再見到許多來自世界各地又是科學領域中精英的老同事，和大家一起來慶祝喬治開始人生另一個生涯，祝他和夫人蘇菲含飴弄孫，追求他的嗜好，好好享受退休之樂。

紅梅朵朵開

199

（2019.11）

5-03 讓我們都來觀看諾貝爾頒獎典禮

多年來我在美國國家標準與技術院 （National Institute of Standards and Technology, 簡稱 NIST） 工作。一九九七年本院的物理學家 William D. Phillips 榮獲諾貝爾物理獎，那年我們在 NIST 的大屏幕上，和同仁們目不轉睛的觀看到諾貝爾獎在瑞典現場的頒獎典禮，看到 Phillips 穿著燕尾服領獎時我們都起立鼓掌叫好，深覺與有榮焉。

諾貝爾獎 （Nobel Prize） 有一百一十八年的歷史，是世界上最有名望的獎項，包含生理／醫學、物理、化學、文學、和經濟。每年十月我都喜歡上網查看各類獎項得獎的詳情。而每年的頒獎典禮則在十二月上旬舉行，我都會迫不急待地等著可以上網觀看頒獎典禮及授獎前後各種有關的節目，覺得非常有趣並深受感動和啟發。現在請讓我慢慢道來，或許可以給各位讀者在網上觀看時作參考。（若輸入以下不同的英文項目就可聽/看到各種有關的節目。）

典禮之前

「Nobel Prize Winners Interview By Adam Smith」。每年十月初在正式宣布得獎名單之前，諾貝爾基金會網站的編者 Adam Smith 先生會千方百計的查到得獎者人在那裡和可以聯絡到的電話號碼，因為時差的關係，得獎者可能在半夜或大清早，人還半睡半醒時，收到 Smith 先生第一個打來恭喜的電話，有時還以為有人開玩笑而掛斷。一九九七年本院的物理學家 Phyllips 就是在早上

五點鐘他開會旅館的睡房內收到這通電話。這通電話一般是三、四分鐘，都記錄在網上，我很喜歡聽得獎者第一次收到從瑞典告知得獎電話時的反應，非常驚喜感人。

紅梅朵朵開

「Nobel Prize Announcement」。 每年十月從第一個星期一開始，逐日公布一項諾貝爾獎的得主。是由瑞典皇家學院諾貝爾委員會正式宣布，並由專家學者介紹得獎研究的內容，有時也在會上與得獎者連線回答媒體的問題。這件重要學術新聞頓時傳遍全世界。

「Nobel Lectures」。 在十二月十日前數天，諾貝爾獎得主照規定要給半小時到一小時的學術演講，讓有興趣者可以知道得獎研究的詳情。這些演講都可在網上看到。

「Video Interviews with Nobel Prize Winners」。 也是在十二月十日前幾天，媒體對各得獎者作深入的訪談，在 Video 上我們能知道他們本人的生平及作研究的心路歷程，真讓人由衷的欽佩。

典禮之時

「Nobel Prize Ceremony」。 每年的頒獎典禮不管當天是星期幾，一定在瑞典首都斯德哥爾摩 （Stockholm）的音樂廳（Concert Hall），在諾貝爾先生的生日十二月十日當天舉行。那天廳內佈置得富麗堂皇，鮮花處處。台上右邊坐著國王、皇后、公主及附馬。左邊準備領獎的得主一字排開坐在前排，後排坐著一些以前的得主。台下是得主的親友和其他的觀禮者。一般來說生理／醫學、物理、化學的得獎者每項有三人，文學、和經濟則

只有一人。典禮開始時皇家學院每項的專家學者宣布得獎者的名單及他們的貢獻，然後每一位受獎者分別走到台中央從國王手中接受獎牌及證書後，向國王、專家學者、及台下觀禮者、行鞠躬禮。這是每位得獎者終生難忘的一刻，誠所謂古人所說的「金榜題名」時吧。

典禮之後

「Nobel Banquet」。 諾貝爾頒獎典禮之後，晚間在市政大廳（City Hall）內一樓的藍廳（Blue Hall）舉行盛大的晚宴。參加的人有國王、皇族、諾貝爾基金會成員、得獎者及其親友共約一千三百人，再加上二百位學生，真是齊齊一堂。今年八月底九月初我們瑞典之旅時曾去過藍廳，見到那長長的石梯，晚宴前參加者都魚貫的從此石梯走下入座。在石梯轉彎處的小平台上，各得獎者代表在此作簡短的演講。晚宴時並穿插有各種餘興節目，真是熱鬧非凡。一九九七年我們觀看本院物理學家Phyillips 參加晚宴時坐在皇后的旁邊，據他說這是物理獎得主有此殊榮的貫例。

「Dancing After The Nobel Banquet」。 晚宴後，得獎者和親友及當地的學生，在市政大廳二樓的金廳（Golden Hall）舉行跳舞會。今年我們瑞典之遊時，也曾經到過此金廳，真是金碧輝煌耀眼奪目。

「Nobel Minds」。 在諾貝爾獎頒獎典禮前後的日子裡，英國廣播公司 BBC 會安排一次圓桌會議，邀請當年所有得獎者來參加。讓這些菁英討論早年對自己影響最深的人、什麼促使自己的研究、各人的成就、新發現的應用、當前急需之研究、世界上急待解決的問題等等

議題。

感想

　　諾貝爾獎得主大多終生致力於學術研究，不怕失敗，孜孜不倦，持之以恆。每當我們諸事不順、覺得沒有什麼成就、人生顯得失去意義時，不妨多多觀看有關諾貝爾獎及其得主的各種網訊，或許能從中吸取正能量，讓我們又振作起來，重新出發，再次勇往直前。

　　　　　　　　　　　　　　　　　　　（2018.12）

5-04 吹皺一池春水：進城開會有感

風乍起，吹皺一池春水。

閒引駕鴦香徑裡，手捻紅杏蕊。

鬥鴨闌干獨倚，碧玉搔頭斜墜。

終日望君君不至，舉頭聞鵲喜。

南唐詞人：馮延巳　詞：「謁金門」

今年（2019）六月十七至十九日三天，我從馬里蘭州進城到華盛頓參加了國際照明協會四年一次的大會。就好像馮延巳的詞中所寫，有如遇到乍起吹皺一池春水的風，把我平靜退休生活的水面，吹起波浪漣漪，感想良多，是為之記。

前言

國際照明協會 （Commission International De L' Eclairage，簡稱 CIE） 於一九一三年成立於巴黎。現在涉及的技術由六個技術處負責，包括視覺與色覺、光與輻射之量測、室內照明設計、室外與交通照明、光生物與光化學、和影像技術。

我於一九八一年，加入了 CIE 這個協會。CIE 每四年在不同的國家舉辦一次大會，因此得以週遊列國。我第一次參加的大會是 1983 年在荷蘭的 Amsterdam，以後連續參加了六次大會：1987 年在意大利的 Venice、

1991 澳洲 Melbourne、1995 印度 New Delhi、1999 波蘭 Warsaw、2003 美國 San Diego、2007 北京。我還參加了 2013 年在巴黎舉行的 CIE 成立百週年的慶祝大會。

這次在美國首都華盛頓參加 CIE 第二十九屆大會，我覺得特別有意義。記得是在我加入 CIE 之前，首都華盛頓在一九六七年舉辦過一次大會，到五十二年後才在此舉行這次大會，而我就在住家附近恭逢盛會，實在幸運。回想二十年前，我以 CIE 主席的身分在波蘭首都華沙主持了第二十四屆大會。而這次大會的主持人是我在美國國家標準與技術院服務時的好友 Dr. Yoshi Ohno，他是 CIE 現任的主席，我正好可以親自為他捧場。再加上退休後很少參加大型的科技會議，就讓我將這段經歷和感想與讀者分享。

公車上

開會的旅館住一晚要三百元，好在家門口就有公車到地鐵站，一出地鐵就是開會的旅館，缺點是已經不習慣需要黎明即起趕第一班公車。退休後十多年沒坐過公車，感覺和以前大不相同。從前一上公車若坐在陌生人旁邊，常常可以隨便閒聊，現在全車非常安靜，遠超過半數的人一聲不響，不停地看手機，實在很沒意思。

地鐵中

我對地鐵的印象倒是很好，車廂是新型的，座椅都是從車頂掛下，地上沒有椅腳，很容易清掃，也顯得特別乾淨。回想近十年前女兒家住在 Dupont Circle，太座和我週日須要去照顧小外孫，每天黎明即起坐公車，再

坐地鐵，然後再走十條街才到，真是長途跋涉鍛鍊腳力，冬天天寒地凍，我還特別穿上棉毛褲禦寒。那時地鐵的地上可是很髒亂，非常煩人。

註冊

因為已預先報名及繳費，所以報到的手續倒是很簡單。不過有一點不同的是，以前都會發給每人重重的兩大本節目表及所有報告的摘要，現在只需給網址及密碼，讓開會的人自己用手機或平板電腦去搜查，省了很多紙張，我們也少提了不少重量。註冊處還告知因為我是前主席，所以晚間大宴席時，太座和我已被安排在貴賓桌。

網路技術

CIE 充分利用網路技術。例如平時各技術處及屬下各小組除定期在一起開會外，另外的時間會員們可以在各自的辦公室充分利用網路（Web Networks, Webinar, Webcast），用視訊會議，討論和投票決定技術文件的內容，大大增進了開會的效率，並節省了大家的時間。這次中國北京計量院三位會員，沒有及時辦好簽證而不能親自到場，還好他們能將報告從網路上傳來，投射到視屏上，讓大家都能看到。大會在宣布四年來三位最佳服務獎時，只有一位得獎人在場，其他兩人，一位在澳洲另一位在歐洲，但經過國際連線，用網路我們可以聽到他們倆在世界的另一端接受這個榮譽。

亞洲國家的參與

從前德國、法國、和美國參加 CIE 的活動最踴躍。

近年來亞洲地區的參與大為增加。中國、韓國、馬來西亞曾主辦過四年一次的大會及兩年一次的期中會。這次參加 CIE 大會的四百二十位會員，約一半來自亞洲，大會一半的報告也是由中國、日本、韓國、台灣、和馬來西亞的會員提供。中國的廠商也開始參加儀器展覽，並贊助大會的開銷。可見亞洲國家國力增強，科技有了極大的進展。

技術報告

我退休後這十五年來，還繼續為有關科技會社的會員，閱讀專業的雜誌和文章，也為科技雜誌評審提交的稿件，關心科技的發展和最新動態，平常也盡量寫些科學普及化的中文文章。所以這次大會聽取報告和其他會員討論時，都能應付自如，並沒有脫節的感覺。

新血輪

在一次休息喝茶時，我坐在一大圓桌旁，一位女士突然跑到面前，自我介紹她叫郝洛西，說起二十年前我們曾在波蘭首都華沙見過面。當年因為她的名字特別，有點像外國名字，我印象很深，所以一直記得她。她現在是上海同濟大學博士生指導教授，是 CIE 新當選負責出版的副主席。

另外一位是王建平，二〇〇七年中國主辦四年一次大會時，我們在北京見過面，現在她是中國杭州浙大三色（Sensing）儀器有限公司的負責人，該公司出產照明與顯示量測的儀器，也是這次參展及資助 CIE 大會廠商之一。

段家瑞博士現在是台灣工業技術研究院的協理，並兼任中區及南區分院執行長，他以前是工研院量測中心的主任，該中心和我們美國標準與技術院同樣是負責計量的單位，常常合作和互訪，所以我們很熟。他特別介紹我認識了中心的新主任林增耀博士，我們倆好像一見如故，一認識就同唱了好幾首台語民歌。

我這幾位優秀的年輕朋友們近年來個個事業有成，真是令我非常欽佩。

後語

很高興退休多年後，有機會參加了一個大型的國際會議，遇到各國的新會員，也有幸和許多老會員朋友再次相見。在開會聽報告時也能參與討論，顯示寶刀尚未老也。和許多同行相談，激勵自己的腦力，讓生活過得有生有色，平添情趣。

（2019.08）

5-05 「熵」

一九五九年我從台灣大學機械系畢業。約服兩年的空軍預備軍官役後，於一九六一年八月十三日，從台灣高雄港坐船，經琉球及日本大阪和橫濱飄洋過海，三星期後才到達美國洛杉磯附近的港口，然後又坐了三天兩夜的灰狗長途汽車，終於好不容易在九月初及時趕上了印第安納州 Purdue 大學秋季開學。就讀於機械系研究所，博士論文是有關物質的熱物理性能（thermophysical properties of materials），雖然念的是機械系，但因研究的領域特別，所以需要跨系選四個系的課程，機械本系僅選四門課、冶金（metallurgy）系兩門、數學系四門、物理系的課最多有八門。

物理系的基本入門課是熱力學 （thermodynamics），這門課看似簡單，其實內容頗富抽象的哲理。但在所有研究所我念的十八門課中卻是我考得最好的課，大概是我們過去受到的教育對哲學有所涉獵吧。這又讓我想到，好像工程方面若要進一層研究就需用到物理和化學，再深一層就會觸及哲學，最後如果還是無法理解，是否就進入神學的領域了。

熱力學中講到了一個有趣而有用的概念，那就是「熵」（entropy） 讀音是商。而商也是數學上的術語，它就是 （被除數） / （除數）。簡單的來說一個系統將能源轉換成另一種需要的正能量，但也產生了無用或浪費的能量。（無用的能量）/（能源的能量）就是「熵」。因為我的研究與光學有關，就讓我拿燈具來解釋「熵」的概念。一個燈具的目的是用來照明，以前常用的鎢絲

燈泡只能把 10-20% 的電能轉換成可以照明的光，而多到 80-90% 的電能變成無用的熱。如今最新的燈具為發光二極體（Light Emitting Diode，簡稱 LED）它能把 40-50% 的電能轉換為光，而只有 50-60% 的電能變成無用的熱。所以 LED 的「熵」值要比燈泡小得多，即效率要高到二到四倍。這個概念也可以用到另一類系統，例如個人、家庭、國家、和世界，我們希望每個系統能產生正能量，盡量減少甚至避免產生無用的能量。

個人可以產生正能量的習慣是陶冶身心和注重德行。注意身體的健康，樂觀進取，心存慈善、仁愛、誠懇、助人、和有恆，為人要有禮節及謙虛的情操，豐富而完善自己的人格。不要沾上抽煙、酗酒、吸毒和邪念的惡習，避免無補於事的行為。

在家庭裡夫妻要相敬如賓，兩人各自有獨立（independent）的性格，但能互助（inter-dependent），而非全面依賴（dependent）。長輩要能自律，以身作則，要慈愛而非溺愛，養成子女的自主性，能孝順父母，長輩要能順水推舟鼓勵子女的興趣，使得家庭和睦充滿了歡樂。

國家的存在是要能安撫全體國民，所以政府要言而有信，講究法治。在制度上，政府的主要部門要有相互權利監督。讓國民在有充分的自由之下，族群和睦相處，能夠豐衣足食，安居樂業，免於恐懼。減少權力鬥爭而不顧國民的福祉。

世界上大小國家要能有自由平等的地位，減少霸權

及一國獨大的心態。使各國能和平相處，自由貿易，守望相助。各國要注重環保，讓我們唯一賴以維生的地球可以永續存在。

　　「熵」的概念可以用於社會各層結構。當今世界上國與國對立，族群和族群對立，毒品與槍枝橫流，天下大亂，人心惶惶，彷彿末日已到。衷心希望經由個人修身起，齊家，治國，到國際合作，能達到天下為公世界大同的境界，則真是萬民之福也。

（2019.09）

5-06 暗空

　　最近互連網上，登載了一則有關台灣的好消息。南投縣合歡山公園，今年（2019）七月三十一日得到國際暗空協會（International Dark-Sky Association，簡稱 IDA）的認證，成為國際暗空公園（International Dark Sky Park, 簡稱 IDSP）之一員。什麼是暗空？什麼是國際暗空協會和國際暗空公園？要講清楚這一切，請讓我慢慢道來。

　　我於 1969 年開始在國家標準與技術院（National Institute of Standards and Technology，簡稱 NIST），從事有關光學方面的工作。由上司的推薦，我於 1981 年參加了國際照明協會（Commission International De L'Eclairage，簡稱 CIE）。協會涉及的技術包括視覺與色覺、光與輻射之量測、室內照明設計、室外與交通照明、光生物與光化學、和影像技術。為了討論與 CIE 有關的技術及制定標準，在不同的國家 CIE 每四年舉辦一次大會，每兩年舉行一次期中會。CIE 有四十個成員國，每個國家在自己國內每年召開一次年會。CIE 也和國際上與照明有關的其他協會合作，其中的一個就是國際暗空協會。

　　有一年 CIE 美國分會在 Arizona 州 Tucson 城開年會，由在當地分會會員 David Crawford 博士主辦。他是一位天文學家，於 1988 年創辦了國際暗空協會。這個協會的宗旨是經由對室外照明的設計與關注，因而保存及保護夜間的環境及保持黑暗的天空。這協會是世界上防止光污染的權威。Tucson 城近郊有著名的 Kitt Peak

國家天文台，台內有直徑 2.4 公尺的望遠鏡。因為需要準確地觀察天象，所以當地對於保持黑暗的天空特別關注。

國際暗空協會大力建議，社區室外、道路、及公路照明之燈具皆應照在地面而不是射向天空，這樣可以確保行路及開車之安全、節省能源、和不會造成光污染。記得一九六九年七月二十日人類第一次登陸月球，太空人說從月球上可以看到地球上有些公路，因為當時的路燈有部分照向地面，其他部分仍是照向天空。

全世界共有七十六個被國際暗空協會認證的國際暗空公園，在亞洲只有下列三個：

1、Hehuan Mountain National Park
　　（Taiwan, Republic of China）合歡山國家公園
2、Yeongyang Firefly Eco Park　（South Korea）
3、Iriomote-Ishigaki National Park　（Japan）

台灣星空守護聯盟於 2014 年，首次建議向國際暗空協會申請合歡山之認證，使之成為一個國際暗空公園。這項建議得到台灣民間、地方、和中央政府的支持，而展開了準備工作。主要是在合歡山上遊客在夜間可以用肉眼觀賞到各類星座，同時還能確保遊客在山間的安全。他們的工作，包括改善合歡山上所有的燈具，使之僅照向地面，並有移動偵測器，有人靠近時燈才亮，而少於五分鐘後就自動熄滅，以減少光污染。用儀器測量山上的光亮度，並有衛星影像，證實光亮度低於國際暗

空協會所訂的標準值。準備工作還包含全套日常運作計劃、暗空教育計劃、及與週邊地區之合作計劃。經過四年的努力，2018 年送出申請書，而於 2019 年七月三十一日，合歡山被認證為國際暗空公園。

　　真是非常高興也很佩服台灣全民合作及努力，使合歡山能成為一個國際暗空公園。希望大家不久都有機會去躺在合歡山的草地上仰望並欣賞滿天星斗的奇觀。

（2019.09）

5-07 從溫室效應談談科技素養

我家在馬里蘭州博城的住屋座北朝南，多年前請人設計建造了後花園。園中央有一座紅橋，橫跨一條用大小鵝卵石砌成的小溪，大雨來時溪水洶湧流過橋下蔚為壯觀。園中種有紅梅、臘梅、玫瑰、天竺、丁香、杜鵑花、小楓樹、和紫薇。為了便於觀賞這些花花草草，我們請人把小陽台改建為玻璃屋，在東南西三面有落地玻璃窗，容易看到後花園。

今年（2019）天氣十分炎熱，幾乎有如台灣亞熱帶的氣候，室外溫度常常高達華氏九十度左右，有時玻璃屋內溫度更常是一百多度，為了能繼續欣賞後花園的美景，趕緊將窗戶打開通通風，氣溫才慢慢下降。不禁令我想起最近的報導說，美國今年夏天有五十四個小孩因被遺忘在車中而熱死的慘劇，比往年平均三十七個要多十七個小孩。

車中溫度上升和玻璃屋內溫度升高的原因是一樣的。來自太陽的短波輻射可以穿透玻璃，但是玻璃卻可以擋住車中射出的長波輻射，因而熱氣被擋在車內而使得溫度升高，這就是溫室效應（greenhouse effect）。地球上大氣層內的二氧化碳、甲烷等氣體的性質和玻璃很相近，它們被太陽的短波輻射穿過，而擋住了地球上發出的長波輻射，不使跑出大氣層外，就造成了地球暖化。又讓我想起在這個年代，我們大家最好盡量努力，使自己具備些基本的光學知識，這樣能對自己、親人、和朋友的安全有所幫助。

我曾在國家標準與技術院（National Institute of Standard and Technology, 簡稱 NIST）作事，研究的主要是分光光度（spectrophotometry），簡單的來說它是一種方法用以測量物質在不同光的波長下的反射和穿透之性質。下面舉出三件和日常生活有關的光學常識與大家分享。

1、漫反射 （Scattering）

秋冬之際容易起霧，霧是許多小水珠飄浮在大氣之中。開車時若遇到大霧時要開低燈，若開高燈照在水珠上，會引發漫反射照到我們眼睛上，使我們看不清路面，十分危險。假如是天寒地凍的氣溫，霧中的的水珠會凍結在路面，開車或走路時更是要格外小心。

2、逆反射 （Retro-Reflection）

清晨太陽出來之前及黃昏太陽剛下山之後，也就是晨光與暮色（twilight）之際，因為物件和背景明暗的對比較小，我們的視覺比較模糊，行人不易看到車輛，開車的人也不易看清行人。那段時間行人千萬不要穿深色的衣服，最好手拿電筒穿著反光的衣服。我就買了一件檸檬色的反光背心加在外套上，為了清晨在社區散步時穿。背心上因有許多細小的玻璃珠，車燈照上時會產生逆反射，也就是反射光會順著入射光來時的方向反射回去，使駕駛的人容易看到你在走動，可以避免撞到你的危險。我們看到的告示牌和街道中間的黃色或兩邊白色的線條都是用含有細小的玻璃珠塗料作成的。

3、紫外線（UV）和偏光 （Polarization）

三年前我為了準備白內障手術做了一些研究，才更知保護眼睛的重要。太陽光中的紫外線會損壞眼睛內的晶體透鏡，所以在艷陽天時最好戴上有效的太陽眼鏡。在談到什麼是正確的太陽眼鏡之前，先讓我說明一下紫外線（UV）的區分：UVA 的波段是從 315 － 400 nm（毫微米），UVB 280 - 315 nm，UVC 200 － 280 nm。大氣中的臭氧層（ozone layer）會吸收所有的 UVC 和部分的 UVB。但是所有的 UVA 及另外部分的 UVB 會穿透大氣達到地球表面，所以有效的太陽眼鏡應該要能擋住 UVA 及 UVB 波段的紫外線。另外太陽光經反射會產生刺眼的光（glare），就是其電場是水平的光，也就是偏光（polarized light）。有效的太陽眼鏡除了能擋住 UVA 和 UVB 的光之外，也要能擋住刺眼的偏光。

希望以上的描述，能給大家提供一些光學上的基本常識，對日常生活中的安全有所了解和幫助。

（2019.10）

5-08 北愛的意外收穫

（說明：此文為李金宏博士所作。從 1981 到 1983 年，他在美國 Maryland 州 我工作的「國家標準及技術院」（National Institute of Standards and Technology, 簡稱 NIST） 作訪問學者，他那時告訴我他作博士論文時一個非常有趣的經歷，二〇一八年我請他將之寫出，並徵得他的同意刊登在本書第五章科普篇中。）

1987 年之前，我一直在台灣新竹市，國科會精密儀器發展中心工作，主要工作是鍍光學薄膜（Optical Thin Film Coating）： 從鍍防反射膜（Anti-reflection Coating）到鍍窄波段濾光片（Narrow Band Pass Filter），都作。您一定想問 ：「是天天混日子，還是真有作出一點東西來 ？」答案如下：十多年後，在新竹市光復路公園，碰到交通大學謝太炯教授，他告訴我：「十多年前你幫我鍍的 6328 高反射鏡片所組成的中華民國第一支純自製雷射，現在還亮著呢 ！」只不知那支雷射，是否送進國家博物館 ？ 是否詳細記載鏡片製作的英雄 ？

高中階段，我的物理、化學讀得並不好，大學聯考填志願時，沒填任何化學系，物理系只填台大和清華兩校。在物理考很差，數學考特別好的情況下，意外地掉進清華物理系，沒想到就此和物理結緣一輩子。

1978 年我自新竹清華大學物理系畢業，大學的成績，其實讀的得不好。後來從 1981 到 1983 年，乘我在美國 Maryland 州 的 National Bureau of Standards,

簡稱 NBS，現已改名為 National Institute of Standards and Technology, 簡稱 NIST，作訪問學者期間，我先讀了一個碩士。當年從美國華盛頓 Catholic University 的物理系拿碩士，有兩種方法：(1) 24 學分+ 論文，(2) 30 學分不需論文。我選擇後者，因為那時時間有限，我怕做論文萬一沒甚麼結果，畢不了業就很不好，因此並未專攻甚麼專業。

念博士學位

之後並不積極想再讀博士學位，直到碰到光學薄膜（Optical Thin Film），突然間發現，物理可以實際實現，理論推導計算的結果，竟然可以變成實物，不再像大學讀的高深理論，那麼難以「接近」，因此才開始有了要繼續讀 Ph.D 的念頭。再加上在 Catholic University 讀碩士時發現，稍為多化一點時間，那些理論，似乎也不是我無法理解的，因此就下定決心，再多花點時間讀書吧 !!

為何選擇去北愛（Northern Irland）

當年國科會獎學金，通過第一關書面申請後，還有第二關：在申請留學的同一區域內，所有 candidate 要再做一次篩選。向國科會老朋友請教的結果，美國地區競爭非常激烈，恐怕比較困難上。日本地區和歐洲地區比較容易上，為求穩當，在不會日文的情形下，就選擇歐洲囉。就這樣子，順利通過第二關，變成一定要到歐洲研讀了。而在不會法文、德文、拉丁文，只會一點英文皮毛的情況下，只好朝英國方面申請了。{北愛（Northern Irland）是英國的一部分，其首府在 Belfast }

由於當時我一直是做光學薄膜，所以就申請了四個

學校：Queen's University of Belfast、University of Reading、University of Manchester、及另一家較年輕的學校。結果四家都通過我的申請，讓我有段時間高興地一蹋糊塗。

仔細思考以後，雖知北愛當時 Irish Republic Army 正在作亂，最後還是決定到北愛的 Queen's University of Belfast（QUB）。那時的想法是，既然要讀，就要挑個最有名氣 、最有功力的教授，讓自己能有最好的成長。Professor Paul Lissberger 是當時全世界光學薄膜界的泰斗，著作等身，於是就選擇去北愛囉 !!

再則，那個時間點，英語系國家，有作 Optical Thin Film 的學校和老師並不多。最有名的三巨頭是 ：Arizona Optical Center 的 Dr. Maclaud，加拿大的 Professor Dobroskey，以及 我後來選的 Professor Lissberger.

當時台灣有位李正中博士是 Dr. Maclaud 的學生，有位賀方涓博士是 Professor Dobroskey 的學生，年輕氣盛的我，當然不可能當別人學弟，這是我選擇 Professor Lissberger 的另一個原因。但當年我跟人家講，都是說 ：台灣已有兩位前輩跟兩位大咖學習，小弟去補足另一位大咖的空缺。台灣將變成全世界光學薄膜最堅強的基地（ 真是馬不知臉長 ），哈哈 !! 當然，Professor Lissberger 數量頗多的精彩論文 ，也是吸引我的另一原因。

北愛

北愛顧名思義，就在 Ireland 的北部，面積約全 Ireland 的¼吧。人口大約一百萬人，首府 Belfast 就約佔了 80 萬，我們就住在 Belfast，Belfast 是個很有歷史的城市，我讀的學校：Queen's University of Belfast，就是 Queen Victoria 到那邊建立的。牛頓曾在我就讀的 Pure and Applied Physics，作過半年的實驗，那個實驗室到現在還保留原樣。

歷史上有名的 Titanic 郵輪，就在 Belfast 製造。第二次世界大戰期間，英國所新建的兩艘航空母艦，四艘主力艦，都在 Belfast 建造，因為當年德國的轟炸機飛不到北愛，另外 Rolls-Royce 的引擎製造廠也在 Belfast，所以假如說 Belfast 是個人文薈集的地方，一點也不為過。

北愛還有一個奇特地形的地方，叫 "Giant Cause Way"，全是六角形柱子構成的地形，相當特別。

Queen's University of Belfast（QUB）

我在 Queen's University of Belfast（QUB）讀的系，是全校最大的系：Department of Pure and Applied Physics，在英國各大學物理系排名第二或第三的系。一九八七到一九九〇年代，全系共有三十八位博士在此任教，但只有兩位 Professor。除 Lissberger 外，另一位是理論力學的專家。一九七二年，大學為了爭取 Lissberger 到這邊當教授，特別蓋了一棟 Optical Thin Film 的專用大樓，命名為 Building of Lissberger。Lissberger 從一九七三年才轉到這邊當教授（原來在曼徹斯特大學），

因此一九八七年當我到那兒時，Lissberger 已經準備要退休了，我很幸運的變成他的關門弟子。

此校的系隨著時代發展逐步增加，因此她的校園並不是一整塊的，而是分散在一片很廣的範圍，我的系則是在主要的校園區裡。Lissberger 教授連續當了好多年美國光學工程年會 Section of Optical Thin Film 的 Chairman。一九八九年 他帶著我到美國 Orlando 去參加年會，並以我的實驗結果發表論文。我是做 Nucleation of ZnS thin film，因此有一個超高真空系統的鍍膜設備，最妙的是它是用 Diffusion Pump 來抽超高真空的。

Lissberger 對學生以嚴苛出名，我的前一位學生，後來的 Dr. Mazzor，第一年的 Qualify examination，筆試已過。口試（所有全系教員都要參加，聽聽你已做了甚麼，你的論文打算做甚麼，當場提問題，你要當場回答）時，其他教員皆簽名同意讓他通過，但 Lissberger 卻簽下否決票，要他隔年再來。Dr. Mazzor 後來讀了七年才畢業。

我參加 Qualify 時，才發現很難。考前一個月，系裡總共開了將近十門課（每門只有 3～6 個小時，包括量子力學、電動力學、材料力學…），幫學生把物裡的重要觀念作一全盤複習，筆試第一天就考這些課程，open book。考試前一天，你可到考場（考場很大）挑位子，把書帶過去，考一整天，現場可抽菸、可喝咖啡、可喝酒，午餐現場供應。

那天考完，離開時再領一份考卷，考卷封面有說明，你可以找任何人討論，可以查任何書作答，但不可以找

同期的其他考生討論，一個禮拜後交卷。當我去交卷時，剛好碰到同期另外十位同學（都是英國當地學生）也去交卷。等等，他們怎麼會同時出現呢？一問之下，才知道他們集合在一起討論如何作答，已經一個禮拜了!!! 當時眼前一片黑，這不是被圍剿了嗎？

論文相關趣聞

　　一般玻璃，上下兩面平行，因此第一反射光與第二反射光亦會平行，且有干涉現象產生。由於當年我做薄膜成核（Nucleation of thin film）用的儀器是橢偏儀（Ellipsometer），因此想避免反射光的相互干涉現象，將鏡片磨成契形。光學工廠的技工非常用心，怕在研磨時會破壞另一面之原貌，會影響我的實驗結果，因此他就貼上一層 3M 膠帶保護，再研磨。要做實驗時再將膠帶撕掉，在那一面上做薄膜成核的實驗。做出來的結果和指導教授（Professor Paul Lissberger）的理論結果差很多，且幾乎沒有重覆性。努力做了半年，也持續被罵了半年。更可怕的是：不知如何改善。當時的標準流程：準備實驗，做實驗，被罵…，準備實驗，做實驗，被罵…。好像被包公提審一樣，很慘!!!

　　直到有一天，下午休息時（break time），經過咖啡室（Coffee room），突然間聽到一位訪客說，他最近發現，被貼過膠帶的玻璃表面，很難把膠質清除乾淨。這句話有如包青天審案，鏗然有聲。我即刻尋找解決之道，下面說明如何終於把膠質去掉。

　　玻璃表面去掉膠質，當年 plasma、ion source，沒現在這麼普遍發達，否則也許可以一試。當時只能用顆粒

最小的拋光粉去拋除，但即使是最細的拋光粉，顆粒還是太大，每次磨出來的表面，roughness 應該都不一樣，實驗結果曲線都不同。最後，我那位老教授，Professor Lissberger 要我去買「胃乳液」來拋光，因「胃乳液」的顆粒比最細的拋光粉還細，沒料到問題就此解決。

重覆性的實驗結果就一再出現了。出現五次時，Professor Lissberger 說至少要十次才能當定論。我就拼命做，做到十次，二十次，他還是沒弄清楚，為何我的實驗結果和他的理論會不同。那時的標準流程：準備實驗，做實驗，去挑戰他，準備實驗，做實驗，去挑戰他，猶如包公還我清白，很爽！

有一天，他告訴我，只要我能修正他的理論，得到和我實驗結果一樣的模擬（simulation）式，我就可以畢業了。沒料到，我只在他的理論裡，將玻璃表面從完美的平面，加上一層粗糙（roughness）的 夾層（interlayer），再將粗糙度做適當調整，理想的模擬式就出來了。理論與模擬的快速配合，這就是為何我能在三年三個月又三天（一九八七年九月九日抵達北愛，一九九〇年十二月十二日 通過口試 ） 就拿到學位的奇妙過程。

後語

我這輩子，在必要的時間點，總會有貴人適時地出現來幫助我 。例如那位訪客，但到現在，我還不知道我那位恩人是誰，只能默默祝福他，希望他健康快樂！

（2018）

第六章／健康篇

不畏復不憂，是除老病藥。

唐／白居易。自覺

心亂則百病生，心靜則萬病息。

元／羅天益。衛生寶鑒

第六章／健康篇

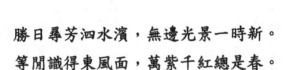

勝日尋芳泗水濱，無邊光景一時新。
等閒識得東風面，萬紫千紅總是春。

南宋／朱熹。「春日」

　　去年（二○一六年）七月十九日近午，太座扶著我慢慢步出了眼科手術大樓。放眼望去，欣然頓覺世界變得極其豔麗，彷彿這炎夏忽然回到了春天，就如同詩中所說的「萬紫千紅總是春」。回家後，覺得椅墊上的紫色和藍色特別鮮明，家中電視畫面變得特別清晰，五顏六色的很逼真好看，後院我家梅園中的中國橋，在黃昏時顯得格外鮮紅。以前外孫和外孫女，說我不會分辨彩色繪圖筆的顏色，現在也能看得一清二楚：紅、粉紅、橙、黃、金、綠、青、水色、藍、靛、紫。為何我彷彿變了一個人呢，這話還得從四年前說起。

　　二○一三年夏天，我看了多年單飛的眼科醫生，忽然宣佈退休息業。原來他的獨生女哈佛醫學院畢業後，不想繼承老爸的衣缽，而決定專攻皮膚科。還好他將我們這些病人轉給了附近有三個眼科醫生的診所。我覺得我這個能「長命百歲」的人應選三人中最年輕的 P 醫生，從那時起他就成了我新的眼科醫生。

　　P 醫生的診所有許多新的眼科儀器，可以檢測眼壓、視覺神經、和視覺範圍等。醫生發現我的眼壓偏高，

227

可能引起青光眼（glaucoma），而損害視覺神經，幸好眼壓仍可以用眼藥控制。我同時也開始有輕度的白內障（cataract），怪不得晚上開車時，覺得路燈和對面來的車燈都有光環（halo）而影響視覺。白天去飯館時，我需要背對著窗戶而坐，以免陽光刺眼。不過醫生那時說現在不急，要等白內障再惡化些才動手術，有可能手術後眼壓也會降低，那就是一石雙鳥的好時機。

　　二○一六年的暮春，醫生檢查過後說這個好時機到了，於是就定在七月十九日星期二先作右眼開白內障的手術。一位朋友好心寄給我一段七分鐘的開刀實況錄影，看得我膽戰心驚，擔心不已。但網上都說這是一個很容易的手術，但真正輪到自己時，才發覺並不是想像中那麼簡單。我現在就把手術前、手術當天、和手術後，親身體驗的細節寫下來給自己留一個完整的記錄，也或許可以為讀者作個參考。

手術前。

　　手術前有兩件選擇我需要決定，好早些告訴手術診所準備。

　　第一件：眼睛天生的晶體透鏡約為三毫米厚，傳統的方法是用超音波將它擊碎後用真空吸出。最新的方法是用超短脈沖的飛秒雷射（super short pulse femtosecond laser）將它軟化而弄碎後再用真空吸出。但保險公司只付用傳統方法的費用，用雷射方法每眼一仟兩百元的費用則需自付。我研究的結果發現，用超音波的方法可能會發熱而損傷眼睛。用雷射的方法則不會發熱而且切割準確而平滑。我覺得眼睛實在太重要了，就決定自掏腰

包用雷射的方法來作。

第二件：人造透鏡只有一毫米厚，但有兩種選擇，一種是用單焦點（monofocal）透鏡（只為有助近距離或遠距離）；另一種是用雙焦點（bifocal）透鏡，手術後完全不用戴眼鏡，但是有百分之二十五的機會仍會看到光環，並且要自己再多付一仟七百元。我當然不願意花錢還冒繼續看到光環之險，就決定選擇單焦點人工透鏡。

手術前還需到我的內科醫生處作身體檢查，以確定健康良好可以作白內障手術。並需將現在正在吃藥的清單交給眼科醫生。

從手術前五天開始，每天需點消炎的眼藥，手術那天大清早也不例外並還多加了另一種消炎的眼藥。

手術當天。

手術當天太座陪我去眼科手術大樓，一去後就被叫進病房開始手術三部曲：

準備：我穿上白袍後平躺在病牀，許多護士們就開始為我點各種各樣的消炎眼藥，有的可能是為了麻醉之用或使瞳孔放大，又量血壓、量體溫、插針管作為以後打麻藥之用，忙的不亦樂乎。我的眼科醫生過來和我打了個招呼就離開了。

雷射室：護士扶我從病牀上站起來走去雷射室，讓我仰頭坐在大儀器下，醫生用吸盤放在我右眼外，將我

和儀器固定在一起。然後用雷射軟化和擊碎我天生的透鏡，我一點都沒覺得有任何疼痛，很快就結束了。我被放到推床上，這時一位身穿花襯衫的麻醉師，笑笑的走近來為我上麻藥。

手術室：我被推進手術室，等我醒過來時手術已經完成。我的眼科醫生告訴我手術很成功，他把我的眼角膜（ｃｏｒｎｅａ）掀起後，用真空將碎透鏡吸走，把人工透鏡塞入後，再把眼角膜放回。這一切都在我昏迷中進行，我一點都不知道，那七分鐘的錄影害我白擔心了好幾個星期。

手術後。

第二天星期三，我到平時看眼科醫生的診所作後續檢查，一進候診室就覺得氣氛全不像一般醫生候診室人人愁眉苦臉，相反的這裡全是和我一樣昨天剛作過手術，戴著黑眼鏡的病人，大家談笑風生，暢談昨天動手術前後的經驗，都為了大為改進的視力驚喜欲狂。眼科醫生檢查過後說一切很好，我不用帶眼鏡就能看清各種距離，要看很小的字時，只需用藥房賣的放大一倍半的眼鏡就可以了。並恭喜我說，我現在有一雙十四歲小孩的眼睛，這真是返老還童，讓我喜出望外。後來每週一次又作了三次後續檢查。醫生並要我第一個星期每晚睡前將網狀透明眼罩戴上，以防睡覺時手碰到眼睛。並且第一週早、午、晚每天點三種消炎眼藥，第二、三、四週則減為兩種眼藥。醫生並給我一張記錄表，以幫助病人定時點眼藥，太座特為我効勞，這可忙壞了她。

九月十三日另一個星期二，我作了開左眼白內障的

手術，又再忙碌了四個禮拜。為了左右兩眼，一共忙碌了兩個月後，才大功告成鬆了一口氣。

紅梅朵朵開

後記

為了這次手術我臨時抱佛腳，特別研究了一下有關眼睛的種種文件，使我增長了不少的常識，在此與讀者分享一些心得：

—— 單拿眼睛來說，我們是可以返老還童的。常言道得好，人老珠黃，我們就漸漸帶著有色的眼睛看週遭的環境，一切都比較灰暗。換成透明的透鏡後，頓覺大放光明，世界變得姹紫嫣紅，美極了，我們又能明察秋毫，格外享受這個色彩繽紛的世界。

—— 我過去對於三種（尤其是前兩種）有關眼睛專家英文的頭銜混淆不清，中文頭銜則一目瞭然。現在將我對他們專長和職責的瞭解述之如下：

Ophthalmologist（眼科醫生）是一位維護眼睛和視覺的醫學專家，可以作眼科手術及診斷和治療所有的眼科疾病，例如：白內障（cataract）、青光眼（glaucoma）、和老年性黃斑部退化（ age-related macular degeneration ）。有時還能從眼睛看出身體其他部分的毛病，例如：血管堵塞（blood vessel clot）、糖尿病（diabetes）、高血壓（high blood pressure）、癌症（cancers）、免疫系統病狀（autoimmune diseases）、中風（stroke）、腦出血（brain bleed）、腫瘤（tumor）等重大疾病，然後轉給其他專科醫生診斷和醫治。

Optometrist（驗光師）是一位維護視覺的專家，但不是醫生，可作視覺檢查、開眼鏡處方以改正視覺。其中有博士資格的還可開有限的一些眼疾病的藥方，例如：結膜炎（conjunctivitis）、眼瞼（皮）炎（blepharitis）、和乾眼病（dry eye）。

Optician（眼鏡師）是一位技術師，用眼科醫生診所或驗光師開的處方，替顧客配眼鏡。

希望大家好好保護自己的眼睛，看對專家。眼睛是我們健康的窗口，六十五歲以上的長者應每年去眼科醫生處檢查眼睛。其他較年輕者如有眼疾症狀應立即去眼科醫生處診斷與治療。祝大家也能有一雙清澈如水的眸子，享受大千世界。

（2017.02）

6-02 堂兄夏復權的養生之道

　　家父是安徽人，他這一輩共有八男三女，家父排行第四。堂兄是家父大哥的長子，今年八十六歲高壽，現在是夏家的龍頭老大。早年畢業於名校上海市同濟大學路橋科專業，後在深圳市工程設計所就業直到退休。家父在世時住在台南市，因為堂兄知道許多夏家的歷史，所以他們常用電傳一起回憶夏家的往事。舍妹雲青有一年曾陪家父去深圳造訪過堂兄。我和堂兄第一次見面是在三年前夏天，他很勇敢，那年居然隻身一人從深圳到美國轉了約一個月拜訪親戚朋友，在馬州博城我家相聚了數天，他的記性極好，為我寫了三大頁夏家的家譜。

　　小兒夫婦幾乎每年暑假都由親家母幫忙，帶著他們的兒女到台北上六個星期的中文班及夏令營。那裡的課程和活動內容多元，輕鬆而有趣，並包括豐盛的午餐，我們的孫兒女又吃又玩又學到一口流利的中文。去年（2018 年）小兒家邀請我們夫婦兩同去，我們從六月底到七月初，在台北住了兩個多星期。舍妹雲青從馬來西亞趕來相聚，堂兄家也特別從深圳飛來台北參加夏家的大團聚。

　　堂兄家共三口人，這是我第一次見到萍嫂，她是學中文的，曾在深圳市圖書館服務，說得一口上海話，吳儂軟語，為人可親，我們一下子就很熟了。他們的公子夏偉英俊有禮，也是畢業於同濟大學，他學的專業是防空洞設計，現在自己創業開設計公司，有員工二、三十人，專門負責設計地鐵站及飛機場棚，年紀青青的就主持一個公司，真是能幹，令人欽佩。堂兄精力充沛，皮

膚極好，兩頰微紅，時露笑容，為人十分篤定而從容不迫，身體健康沒有上了年紀的人之毛病。最近他電傳給我他飲食和按摩的細節，現列之如下給大家作參考。

養生之道（夏復權／提供）

A 飲食

（ 以下食材在中國超市和雜貨店均可買到。）

*早上吃橙、蘋果各一。再吃芝麻、山藥（Cinnamon Vine）、芡實（Gordon Euryale Seed）、薏米（薏苡仁，Semen Coicis）、及牛奶打成糊（牛奶五百毫升，即 500 cc / 17 oz），另加三七粉（Panax Pseudo-ginseng）三克，以防動脈硬化。

*中午吃點蔬菜及魚。

*晚上吃十二顆紅棗，加黃芪（Astragalus）、枸杞子（Wolfberry）、山藥（Cinnamon Vine）、五味子（Schisandra）、黨參（Codonopsis）、新熬的糯米稀飯，再加三百毫升牛奶（300 cc / 10 oz）。

B 按摩

1、早起先飲一杯溫白開水（約五百毫升），以冲淡一夜的濃血液。

2、睡在床上揉肚子。右邊順時鐘先來：右掌心在下，左掌心疊在右手背上，向右三百次，由肚臍擴大至小腹部。然後逆時鐘，左掌心在下，右掌疊下，照樣作三百次。

3、睡在床上兩腿伸直，五腳趾用力向上翹，然後腳趾再向下翹，反覆二十次。

4、坐起來兩手掌心按摩膝蓋，順時鐘一百次，再反時鐘一百次。然後兩手掌心按　摩，從膝蓋上二十五公分至膝蓋下二十五公分，來回一百次。

5、坐起來按摩左右腿正面、反面之腿肚各一百次。

6、按摩三陰交穴（在小腿內側，足內踝尖上四指處）四十次，此穴位通肝、腎、　和肺。

7、搓左右腳心四百次。

8、大姆指用力按然谷穴（在足內側緣，足舟粗隆下方凹陷處），按到發麻才有效，　約二十次。此為通胃之消化用。

9、為防動脈硬化：兩個手搓兩手邊一百次，兩手交义摸到夾子窩（咯吱窩）按一百次，聳肩二十次。

10、由胸口到小腹按摩一百次，以增加胃動力。

11、鼻樑邊二眼角穴位，早晚各輕揉一百次，以保護眼睛視力。

12、每天要散步至少半小時，最好一小時，以增加腿力。

後記

以上是堂兄身體力行了三十年的養生之道恆心可佩。飲食方面，三餐我適量多吃木瓜、蘋果、蔬菜、和魚。堂兄所吃的其他食材我沒有照辦，以防和西藥相抵觸。我開始照著他按摩的方法去作，覺得可以讓血液容易流通，人也比較舒暢。相信假以時日像堂兄一樣可以持之有恆，定會對身體大有幫助的。

（2019.01）

6-03 鳥語蟲鳴話耳聰

　　九月初氣溫開始轉涼，天高氣爽，走在附近林蔭大道上，非常賞心悅目。耳中聽到許多鳥叫聲此起彼落，並有一片蟲鳴聲，有點像是台南住家附近的知了聲，踏過落地的黃葉發出沙沙的清脆聲。回到家後，在聽「維也納森林故事」（Tale from Vienna Woods）中，前四分鐘描寫 Johann Strauss 和他女高音女友，在馬車上穿過維也納森林構思曲子時的音樂。以前從音樂中只聽到十次鳥叫聲，現在居然可以分辨出十多次。到附近女兒家，外孫和外孫女講話也可以聽得比較清楚了。我彷彿忽然覺得週遭充滿了悅音和朝氣。

　　記得兒時家母告訴我說，我右耳的耳膜上生來有一個針孔，但一直對聽覺好像沒有什麼影響。退休前有一次在辦公室開會，秘書就能聽到隔壁房間的電話鈴聲，我卻一點也沒聽到，我那時並沒有在意。後來在參加讀書會時，長桌另一頭的談話我就聽不清楚。更有甚者，最近有好幾次太座的耳提面命，卻聽錯了指令，這可是大逆不道，趕快遵命去看 Dr G 聽力師（audiologist），她的診所很安靜，人也很有耐心回答我各種問題。她為我作了數種聽力檢查（hearing）及鼓室檢查（tympanometry），並解釋了耳朵的結構，使我增長了不少的常識。

　　原來聲音可以經過外耳及耳道，震動耳膜（tympanic membrane），再傳到中耳的三根相連的小骨（malleus、incus、stapes），繼而傳至內耳的耳蝸（cochlea），最後傳給大腦的神經。聲音也可以經由頭骨達到內耳。人講

話聲音從低頻率到高頻率的範圍大約是 250—8000 Hz。

我的聽力檢查 （hearing） 包括下列三種：

1、是純音調（tone）檢查。聲音單獨輸入左耳和右耳，輸入的頻率自低頻（250 Hz）到中頻（1500 Hz）再到高頻（8000 Hz），以測耳朵的靈敏度。

2、是純音調加上噪音的干擾。聲音輸入左耳的同時，將噪音輸入右耳；反之聲音 輸入右耳的同時，將噪音輸入左耳。

3、是把發聲器單獨放在左耳和右耳後骨頭上，讓聲音不經過外耳和中耳，直接傳 到左耳和右耳的內耳，以測耳朵對純音調的靈敏度。

另外針對我右耳的鼓室檢查（tympanometry）。是把一種叫鼓室計（tympanometer）的儀器放進右耳，以測試右耳耳膜震動的程度。

聽力檢查結果顯示：

1、傳純音調。左右耳對高頻率的靈敏度下降，那是因為自然老化的原故；對中頻率的靈敏度，左右耳比正常的聽力稍低，但右耳要比左耳更低一些；對低頻率的靈敏度，左耳比正常的聽力稍低，但右耳則大幅下降，表示右耳聽力弱。

2、加噪音。把噪音輸入左耳則對右耳的聽力影響較大，但把噪音輸入右耳對左耳的聽力影響不大，皆因右耳聽力不佳之故。

3、把聲音從耳後骨上直接傳入內耳。從左耳後骨上輸入聲音或從左耳輸入聲音，對左耳的靈敏度沒有分別。但從右耳後骨上輸入聲音其低頻率的靈敏度，要比從右耳輸入聲音其低頻率之靈敏度要高得多，幾乎和左耳一樣，表示右耳朵的中耳部分包含耳膜有毛病。

鼓室檢查就證明右耳聽力弱是出於右耳膜上的小針孔，使得耳膜幾乎無法震動了。聽力師 Dr G 要我去耳鼻喉科 H 醫生處檢查，H 醫生一眼就看出我右耳膜上的小孔，一再叮嚀因為有這個小孔，清除耳屎時千萬不可用一般的水洗法，必要時每六個月可去 H 醫生的診所由醫護人員幫忙清除。但說不用治療開刀補洞，推薦我裝助聽器來增加聽力。因此聽力師 Dr G 特別為我把左右助聽器根據我的聽力頻率曲線調整，並調整聲量的大小，戴上後果然聽力大增。這種新型的助聽器很小，包含兩部分，一部分像小腰子形狀掛在耳後，內有接受器（microphone）和放大器（ amplifier），用一條細管連到放在外耳裡小而短圓筒狀的發聲器（speaker）。我沒有選用全放在耳朵中的助聽器，這種助聽器較大，戴上會把耳道全塞住，不透氣很不舒服。

結語： 三年前我兩眼都開了白內障，頓覺世界非常清晰而艷麗，而今雙耳又有了助聽器，終於使我聽得清看得明了。

真箇是：

耳聰目明真聰明，返老還童誠可慶！
讀書切磋增學問，含飴弄孫齊歡欣。

（2019.09）

紅梅朵朵開

6-04 從冷水澆頭談到熱水器

　　中國古典名著「儒林外史」是由明朝吳敬梓所寫有關許多讀書人的野史。是一本描寫讀書人的命運和當時社會現狀的諷刺長篇小說。明朝時讀書人經過考試成為秀才，是為士大夫的最基層。秀才在省會通過考試後就成為舉人，社會地位更大大的提高，許多人都要來巴結他們。我認為儒林外史中最生動又可笑的是第三回描寫秀才范進中舉之前被岳父胡屠夫譏笑和諷刺，中舉後他的岳父立刻變成對他畢恭畢敬的情景，相比之下特別傳神。多年後范進終於考中為舉人，高興得發了瘋。范母請求胡屠夫幫忙，胡屠夫認為舉人是天上下凡的文曲星，碰都碰不得的。但經范母苦苦哀求，胡屠夫先喝了些酒以壯膽，然後才敢鼓起勇氣左右兩掌痛擊范進雙頰，才把范進打醒過來，全家得以歡慶。

　　一九五〇年代，中國著名作家汪曾祺將「范進中舉」改編為京劇劇本。其中有一段有關中舉之前的描述。范進因多次考試未取，劇中胡屠夫教訓他道：「你瞅瞅你！這副窮酸相，也配當老爺？我說你什麼好哇！我甮在這兒跟你費話了！我還殺我的豬去吧！你趕快回家瞅瞅，你媽媽都快餓死了！」范進唱道：「適才間岳父一番訓，冷水澆頭懷抱冰。此時如夢又如醒。」。京劇中引用了書中沒有的俗語「冷水澆頭懷抱冰」，此俗語是說因突然遭受打擊或刺激，思想為之一震。這句俗語被許多地方戲曲引用。我雖然沒有經過書中或劇中類似的打擊，但以前被冷水澆頭倒是有的。

　　回想起來，抗戰勝利後，我家在天津市和在上海黃

浦區，那時都是用煤球爐燒熱水洗澡，澡盆放在廚房中。到台南後住在健康路體育場附近，大家都是用圓柱型的煤餅爐燒熱水洗澡，澡盆是放在一進屋子大門到客廳之前的玄關內。雖然一直沒有正式的浴室，也還逃過了冷水澆頭的驚愕。

紅梅朵朵開

倒是在國立台灣大學機械系念書期間，住在台北市羅斯福路校本部第六宿舍樓上二〇五室。共用的浴室在樓下最右邊的一大間，靠後牆處有一大水池，蓄放冷水供同學們使用。大家洗澡時坦承相見，用鋁製水盆裝冷水從頭澆下，台灣天氣炎熱，第一盆冷水澆頭，會令人冷得發抖，後來再澆也就有些習慣而停止了發抖。這是我一生中勇往直前冷水澆頭的親身體驗。

搬到現在馬州住家之後，開始時用的是電熱水器（Electric Water Heater）供給熱水，非常費電。十二年前改用天然氣熱水器（Gas Water Heater），維持費要便宜很多，但為了安全，家中特別裝置了一氧化碳警告器（Carbon Monoxide Detectors）以測天然氣外洩。今年（2019）夏天天氣特別炎熱，近八月底時熱水器忽然壽終正寢不能供給熱水了。想到熱水器的年限多半是八到十年，維修超齡的熱水器有些不划算，就決定換個新的。

住在近處的女婿建議了兩三家安裝熱水器的水管工（Plumber）公司，我選了靠近的一家，電話打去時，公司問我現在有的是那一種天然氣熱水器，幸好我手邊就放著說明書，封面上寫著 Gas Power Vent Water Heater，告知後公司說他們不裝這類的熱水器，而推薦一家在附近可以裝的 V 公司。我十二年前並沒有研究關注熱水器

的事，原來天然氣熱水器分為兩種，一種是用直接排廢氣法（Direct Vent），而我家是另一種用外力排廢氣法（Power Vent）。前者是廢氣自然垂直上升經煙囪從屋頂排出，可能有逆流將廢氣吹回屋內的危險。我家的是廢氣由吹風機吹經管道橫向送出牆外，價錢較貴但比較安全。

問 V 公司需不需要先來我家看看，公司說不必來，但只需要告訴他們我現有熱水器的高度和直徑。高度很容易量是五十九英吋，但直徑有些難量，因為熱水器上有吹風機和許多管道，情急之下只好動用我的幾何常識，我量到了圓周為六十九英吋，除以圓周率 3.1416 後，得到直徑為二十二英吋。將這兩個數據告知公司後，我就訂了要安裝天然氣用外力排放廢氣法的熱水器，但要到兩週後才能來安裝。這兩星期內，幸好女兒家就在附近，我們不需用冷水澆頭來洗澡。因為現在不比當年，隨著馬齒加增，冒然用冷水澆頭來洗浴，因會使血管收縮，若惹出心臟病來，可是性命交關的事不是開玩笑的。

兩星期後，很高興公司的兩位水管工準時在上午十點鐘到達。他們立刻將舊的熱水器拆除，兩人蠻費力的把它從地下室拉上很窄的樓梯，然後擡出大門外，搬下新的熱水器到地下室更是大費周章。之後就見大概是當助手的水管工出出進進的，搬上搬下新舊的零件和雜物。三小時後約在下午一點鐘，新的熱水器就安裝好了。水管工工頭請我驗收，熱水已可供應，地下室熱水器附近收拾得非常乾淨，工頭告訴我說為了安全，按馬里蘭州的規定新加了兩項零件：一件是冷凝排水管（condensation drain），連裝在吹風機的出口管上；另一件是熱膨脹筒（thermal expansion tank），是一個 4.5 加

第六章／健康篇

242

侖的圓筒，連接在冷水進水管上。這兩件零件在新熱水器的說明書上是沒有的。我並注意到熱水器上新焊接了許多銅管，我告訴工頭說焊接得很漂亮，就像藝術品一樣。因為我多年前在附近的社區大學選過六堂焊工課，知道這是很不容易的一門手藝，原來工頭在這一行已經作了四十多年。

很高興又有熱水可用，並學到了許多熱水器的常識，而且非常感謝馬州的注重安全，更是十二萬分的佩服這位水管工的敬業精神和超人的手藝，真是天下有能人行行出狀元呀！

（2019.10）

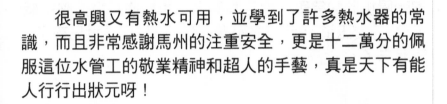

6-05 牽腸掛肚話〈第〉二腦

　　清朝曹雪芹所著【紅樓夢】第二十六回「蜂腰橋設言傳心事，瀟湘館春困發幽情」中寫道：寶玉回至園中，襲人正記掛著他去見賈政，不知是禍是福，只見寶玉醉醺醺的回來，問其原故，寶玉一一向她說了。襲人道：「人家牽腸掛肚的等著，你且高樂去，也到底打發人來給個信兒。」寶玉道：「我何嘗不要送信兒，只因馮世兄來了，就混忘了。」

　　紅樓夢中來引用牽腸掛肚這句成語，證明作者在清朝時就有「身心相連」的概念，心理上的擔憂，會引起腸胃的不適，巧的是英文中的 gut feeling 自兩千年前就明白人類的腸胃能夠很靈敏地感受到許多人心理和情緒的變化，怪不得有一句英文俗語說：「Our gut is our second brain.」

　　2017 年五月十九日，英國倫敦的 Francis Crick 學院的報導也證實了腸胃的重要性。這是根據十二位來自英國、比利時、美國、和荷蘭四個國家的科學家研究報告結果，標題為「瞭解我們第二腦的結構」（Understanding the Architecture of Our 'Second Brain'）。報導中說道：科學家進一步的瞭解到人類腸胃壁上之神經系統如何自主控制其運作，不受命於包括腦和脊髓的中央神經系統，但時時供給大腦訊息，就是所謂的「第二腦」--- 這項發現能使我們更進一步理解腸胃易激綜合症（irritable bowel syndrome） 及慢性便祕 （chronic constipation）等腸胃疾病發生的病因。

科學家不斷對人類的腸胃增加瞭解，就會因而更新治療方法，這對我來說真是個天大的好消息。因為我從小腸胃就不好，特別是過去一年來消化不良，就好像一個房子的下水道不通，覺得非常痛苦，一天的情緒常常取決於早上是否通暢。害得我平日只敢吃蔬菜、水果、和魚蝦等比較容易消化的食物，很少吃雞肉和豬肉，根本不敢碰牛肉。連我喜歡的麵食也不敢多吃，不吃米飯，只吃沒有碳水化合物的藜麥（Quinoa），如此偏食不僅使體重降低，也減少了人生一大樂趣。甚至有時我連附近的文藝講座也不想參加，更缺少到遠處旅遊的意願。

由這個報導讓我想起，我對自己的消化系統，實在所知甚少，在去看腸胃科醫生之前，就先自己研究了一下。原來食物進入口腔後，經過食道（esophagus）進入胃（stomach）中，然後進到小腸（intestine）而大腸（colon），到了直腸（rectum）、肛管（anal canal）、最後由肛門（anus）排出體外。

若當食物進入口腔後，我們細嚼慢嚥，能讓分泌的唾液和食物一起進入食道有助以後的消化。食物進入胃部後，胃壁分泌各種幫助消化的液體，然後進入小腸的前段時，附近的肝臟、胰臟、和膽囊分泌富有酶的分泌物於小腸內以幫助消化，小腸另一個重要的作用是幫助人體吸收營養。消化後的食物進入大腸後，被大腸吸走水分和塩分，和把剩餘之廢物排出體外。

從口腔到肛門全長約三十英呎（～360 英吋）。其中男性的大腸約為六十英吋，而女性的大腸約為六十四英吋。女性的大腸比男性的長四英吋的原因是因為女性需

要從大腸多吸收水分，準備以後一旦懷孕時保證有充分的洋水（amniotic fluid）。讓我覺得造物主對人體的消化系統設計得真是週全。因為女性的大腸較長，有名的 Mayo Clinic 在作消化實驗時，發覺在消化一般食物時，通過大腸的時間，女性需要四十七小時，而男性只需要三十三小時。當然我們的消化系統（從口腔到肛門）對於消化不同食物所需的時間是很不同的，例如對多纖維的蔬菜不需要一天，而消化牛排則需要兩三天。

十一月十四日是個難忘的日子，因為消化不良的痛苦，我終於下定決心去看了腸胃科的 B 醫生，他聽了我的病歷後，給了我以下兩個指示。第一步是每天早上吃軟便劑（17 克 Miralax），及就寢前吃輕瀉藥（兩粒 Senokot），這兩種都是不需處方的藥（over-the-counter medicine）。若第一步無效，則第二步是需吃他開的處方藥。很運氣的是第一步正對我的體質，一試成功，立刻見效，頓然感到身心舒暢，覺得世界變得特別美好，我們女兒說我應該送一個水果籃給 B 醫生，感謝他解決了我切身的痛苦。十四天後正好是感恩節，我和太座早兩天就飛去住在波士頓小兒家，當晚就在附近 Watertown 商場內的聚福軒 （Joyful Garden） 中餐館吃了一頓美味的大餐。接下來的幾天，不但品嚐到兒媳準備的火鍋及阿拉斯加的大閘蟹腿肉，也喝到做得一手好菜的親家母熬的牛肉湯。真正盡情大享口福。

我照著這個方法作已過了快樂的一個月。不過我希望不久的將來，科學家能研究出可以根治腸胃疾病的方法，免除許多人的痛苦。我也須常常警惕自己，不要高興過度而大吃大喝。還應多吃蔬菜水果，並且早上要吃得飽、中午吃得好、晚上吃得少。要多健走，多喝水，

並抱持樂觀的心態。

（ 2019.12 ）

紅梅朵朵開

十年揮一扇

　　十多年前，我託住在台北太座初中好友張美陽買了四樣我喜歡的物件，它們分別是：小木魚、竹板、羽毛扇、和紅折扇。

　　空心小木魚只有手掌般大，用一根小木錘敲上去時，發出哆哆哆的聲音，有點像廟中和尚念經時，敲木魚發出的聲音。我喜歡聽這種哆哆哆的聲音，好像致身

廟中，頓時使我心情平靜。

竹板為唱數來寶之用。數來寶又名蓮花落，是中國一種民間藝術。相傳早年在北方過年過節，丐幫俟各家店舖沿門托缽，並編唱各種買賣的唱詞。一面唱，一面用竹板打拍子，竹板分左右手拿，左手拿五塊小竹板，右手拿兩塊大竹板。故詞句節拍分明，而且押韻，我非常喜歡這種民俗，所以買了竹板來把玩。下面是丐幫的一種唱詞：「數來寶，進街來，一街兩巷好買賣，也有買，也有賣，俐俐拉拉掛招牌，金招牌，銀招牌，大掌櫃的發了財，你發財，我沾光。。。。」

羽毛扇是京戲中，諸葛亮拿的那種白色的扇子。我想有一天要講講諸葛亮一生的故事，當然免不了要搖著羽毛扇，唱一段「空城計」中諸葛亮在城樓上那段有名的戲詞：「我正在城樓觀山景，耳聽得城外亂紛紛。旌旗招展空翻影，卻原來是司馬發來的兵。。。諸葛亮在城樓把駕等，等候你到此談哪，談，談談心。。。。」

中國的說書人和講相聲的，常用扇子作道具。十年前 2010 年 9 月，我應邀為蘭亭雅敘在遠東飯店作了一次演講，講題是：「從白居易談起，探討古今中外養生長壽之道」。那天我穿了一件藍布大掛，手拿這把剛買來的紅色折扇侃侃而談，頗得好評。

這把紅折扇非常漂亮，上下兩個大扇骨長約 12.5 英吋，寬約 0.8 英吋。共有十一個小扇骨，寬約 0.5 英吋。紅色扇面很鮮艷，料子很滑，使扇子容易打開，打開後扇面約呈半圓形，整個扇子很輕，容易把玩。用大姆指

和食指握住一個大扇骨，用力一摔，很容易打開扇子，而發出啪的一大聲，有時會嚇到站在旁邊的人。因為這把扇子我把玩了近十年，現在我可以得心應手的在我身前、身後、上下、左右將扇子打開來。

去年（2019）中國新年期間，附近社區活動中心舉辦了慶祝大會，有各種表演節目，非常熱鬧。太座和我很喜歡由王碧芳老師（Josephine Tao）帶領的太極功夫扇舞表演，尤其是它振奮人心的音樂和下面這些唱詞，充分表揚中華大國英武之風。

「太極功夫扇」

> 臥似一張弓，站似一棵松，
> 不動不搖坐如鐘，走路一陣風。
> 南拳和北腿，少林武當功，
> 太極八卦連環掌，中華有神功。
>
> 棍掃一大片，槍挑一條線，
> 身輕好似雲中燕，豪氣衝雲天。
> 外練筋骨皮，內練一口氣，
> 剛柔并濟不低頭，我們心中有天地。
>
> 清風劍在手，雙刀就看走，
> 行家功夫一出手，他就知道有沒有。
> 手是兩扇門，腳下是一條根，
> 四方水土養育了，我們中華武術魂。

東方一條龍，兒女似英雄，

天高地遠八面風，中華有神功。

東方一條龍，兒女似英雄，

天高地遠八面風，中華有神功，中華有神功。

紅梅朵朵開

　　去年不久我們就加入了王老師的扇舞班，我十年「寒窗」勤練的扇子終於可以用上了。王老師教舞很認真，我們班上的扇友多半都學了好一陣子了，王老師在去年暑假還特別在她家，化了五個星期天下午，各一個小時，為太座和我這些新手補習以趕上進度。我雖然很會開合扇子，但因為人沒法蹲低又旋轉太慢，一直都跟不上其他扇友。好在可以健身，並可以一面跳扇舞一面欣賞音樂。

　　感謝太座的好友為我買到這四樣「寶物」，使我的退 <u>251</u>
休生活平添情趣。

（2020.02）

6-07 心身相連：如何頤養天年〈Healthy Aging〉

前言

世界的人口急速的高齡化，我們的朋友中不乏七、八十歲的，甚至九十或過百歲的也常聽說，人們現在最關心的是如何在高齡時能活得健康。因而這兩、三年來學臨牀心理的太座梅強國，在社區活動中心和老人中心用英語給了幾次有關這個議題的演講。特此節譯她的演說，與大家分享這個重要的課題。

心身相連

首先讓我們來看看下面這個故事。1979 年在美國 New Hampshire 州，一輛麵包車在一幢改裝過的修道院前停下，八個七十多歲的男士從車上下來，他們蹣跚向前，有的彎腰駝背，有的撐著拐杖。不久他們經過一個大門，就聽到收音機正播放二十年前熱門歌星 Perry Como 在唱「It Is Impossible」，黑白電視上 Ed Sullivan 在歡迎他要採訪的客人。修道院房中都佈置得像 1959 年的裝飾，書架上有那時的書和雜誌。這八位男士討論當年的時事，沒人把他們看作老年人來呵護他們衰弱的身體，所以也沒人幫他們抬行李或扶他們上樓。牆上掛著他們年輕時的照片，並沒有鏡子，衣櫃中也沒有現代的衣著。在這個環境住了一星期後，這八位男士在體力、活動能力、步伐、姿勢、對事情的看法、記憶力、味覺靈敏度、聽力、和視力上，都有顯著的進步。

以上是哈佛大學社會心理學家 Ellen Langer，於 1979

年所作的「時光倒流」實驗，這個研究顯示心態和心理可以影響生理，反之亦然，也就是說我們的心身是相連的。日常生活中，心理可以影響生理的有：看法、思想、情緒、和態度，而生理可以影響心理的有：飲食、運動、姿勢、和行為。

許多其他研究也一致發現：笑是最佳良藥，例如看喜劇會降低血壓，增加血液循環，增進記憶，增加免疫力，改進睡眠，增進健康；自認為年輕的人比較健康而長壽；樂觀的人活得健康；多活動的人較少心臟病；憤世嫉俗的人容易夭折；相信有美好未來的人，會好好照顧自己，遵照醫生的指示吃藥、運動，活得更健康。健康而長壽的重要原則是：要相信心理對身體的影響力，採取積極而樂觀的態度，要有一切都可能的心態，及負起維護自己身心健康的責任。

採取三種行動讓你能有健康的高齡。

第一是維護身體和思維的功能

注意睡眠，常歡笑，多學習，多活動，保持精神活力，和從打坐、跳舞、音樂欣賞、畫畫、瑜珈、太極、及氣功來放鬆肌肉和減少精神壓力。

第二是減少疾病和受傷的風險

注意飲食，預防跌交，和盡量保持正常體重、血壓、和膽固醇等重要健康指標。

第三是充實人生

多與子女、親戚、和朋友相處，要參與社交圈，做義工回饋社會，幫助和愛護他人，生活要有目的，去除自顧自、不必要的憂慮、憤世嫉俗、不友善、個性頑固、及凡事後悔等有礙健康長壽的心理障礙。

結語

青春的源泉在於我們要樂觀、歡笑、好奇、喜好學習，有愛護別人的能力。祝福天下壽星有很長而健康的生命，時間到時能很快的劃上句點。

（2020.02）

口罩

　　今年冬天比較暖和，沒有下雪。在我們注意新冠肺炎疫情擴散時，一夜之間好像春天已偷偷的來到人間。籬笆邊開著鵝黃色的迎春花（forsythia），牆角下黃水仙（daffodil）急急的冒了出來。走在住家附近，路邊高聳的花梨樹（flowering pear tree）不但開滿了淡青色的花，而且已開始落英繽紛撒滿了一地。繞到另一條街兩旁都是櫻花盛開，白色的、淡紅色的，十分賞心悅目。

　　我因為對花粉過敏，和太座一起散步時，都要帶上淡藍色單層口罩，要不然會噴嚏連連，眼睛發癢。說起口罩，我們女兒在醫院行醫，最近因為新冠肺炎疫情吃

緊，她的團隊口罩短缺，急需要有備用品，就商求太座照著一個網上的方法去縫些兩層布口罩，供她團隊的成員使用。太座多年來就常為孫輩們做衣服和裙子。甚至替我及兒孫做高難度的襯衫。而且近年來還為我做了四件漂亮的夏威夷襯衫，真是手藝高超。她說在家時只是看過母親勤作針線，自己沒學過也不會作。直到來美在Indiana 州，Purdue 大學攻讀臨床心理博士學位時，住在研究生宿舍大樓，與一位數學系的女同學 Kathy 兩人同寢室，向 Kathy 學到了如何縫紝，打下了基礎。退休後上了兩天併布（Quilt）課，再加上自己努力練習，變成非常拿手。曾給孫兒女們每人縫過一條併布毯子，每條都用不同的圖案，非常漂亮。因為作併布，所以她有許多各種花式的零頭布料，正好用來做口罩。

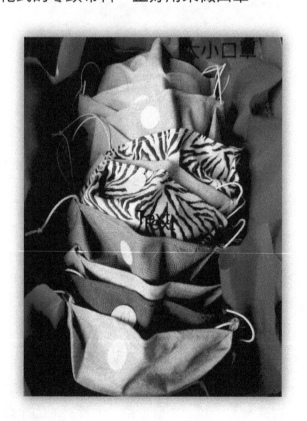

七分鐘的網站視屏講解和示範得很清楚。需要的材料有：10　英吋　X 14.6　英吋長方形的布、四英吋長的金屬絞線、和適當長度的鬆緊帶。有了材料就可照著指示摺、剪、縫，那就要靠手藝了。隔壁鄰居給了太座許多新的絞線，絞線是為了撐住口罩鼻樑部分之用。再就是把鬆緊帶穿於兩邊，以便套上兩耳。最後是把咖啡過濾紙，放在前後兩層之間。每天戴過後，晚間把過濾紙取出扔掉，把布口罩洗好晾乾，第二天放入新的過濾紙後再戴上使用。因為第一次做，太座費了一個週末，做了大小十個口罩。女兒一試之下，覺得很合適，也很舒服，所以太座又繼續做了二十三個。看到她埋頭推布及縫紉機沙沙的聲音，不禁令我想起剛到台灣不久，成千上萬的婦聯會成員在主委皮以書女士的領導下，日以繼夜的替前線將士縫冬衣之盛況。太座就在地下室她的縫紉室內挑燈夜戰，精神實為可佩。在這次特殊的疫情時期，太座終於參與了許多其他人的行列，為第一線的醫護人員盡綿薄之力。

紅梅朵朵開

　　　　　　　　　　　　　（2020.03）

第六章／健康篇

第七章／旅遊篇

259

白日依山盡，黃河入海流。
欲窮千里目，更上一層樓。
　　唐／王之渙。登鸛雀樓

渡遠荊門外，來從楚國遊。
　　唐／李白。渡荊門送別

套裝娃娃

　　那是一九八五年，我發覺自己漫步在史大若布（Stavropol）鄉間的羊腸小道上。此處在蘇聯南部，介於黑海與裏海之間，就在土耳其北面，緯度與美國的緬因州、西歐的威尼斯、及中國的哈爾濱市相同。夏末與秋初天氣最好，來附近旅行的人很多。

　　夜幕漸低垂，炊煙裊裊。遠處漫延的油管，隱約可見，是從巴庫油田接來的。繞過一小丘後，見前面稀稀落落有個小村莊。走近時見數張餐桌擺在一小屋前。一位二十來歲的少女來招呼着，面貌跟體形跟中東人相近。詢問之下方知為喬治亞人。此處位於歐亞之交，有許多少數民族，包括希臘人和阿美尼亞人的後裔。他們精於做地毯和珠寶等手工藝品。

走累了也很渴，不會喝伏特加酒，就要了紅茶，她把幾片檸檬和方糖一起拿了來。該少女自稱在當地史大若布農業學院畢業。她們的教育制度是八年初級教育，四年中學，然後是四至六年的大學專科教育，看科系而時間長短不同。

不久一位五十開外有點發福的婦人拿了菜單來。我已饑腸轆轆，就點了羅宋湯、黑麵包、串羊肉、魚子醬、和薄餅。此婦人為店主，坐了下來閒聊，她是該少女的母親，名叫瑞伊莎，和新總書記戈巴契夫太太同名。此店主小學與戈巴契夫同班同學，念完中學後結婚生孩子沒上大學。據她說十幾歲時，他們正值第二次世界大戰，德軍與蘇軍在此作拉鋸戰，那時生活格外艱苦。戈巴契夫以前和她們是鄰居，後來他去了莫斯科大學念法律，回來後也在此處的農業學院念過夜校，同時在地方上作書記及管理農業事務。據說有一年正值主要農產品欠收，美國禁運，他用其他雜糧代替，餵活了牲口。最近十年來也斷斷續續的掌管過有關農業的事，因他的幾位上司連連去世，得以步步高升，言下不勝為其驕傲。

串羊肉味道很重，用了許多薑和蒜，還有一種紅色微辣的香料，害得我猛喝紅茶。付帳時需要外匯券，我一查皮夾子，只有二十元美金現鈔和二百元旅行支票。正在擔心如何是好，忽然一對中國夫婦來訪，是女店主的朋友，男的瘦瘦的有江南口音，問之姓王，還想問他叫什麼名字及外匯券的事，不知為什麼，他們卻匆匆的走了。不曉得該怎麼辦，情急之下，人就醒了。

原來是南「俄」一夢，我床頭放著幾本昨晚看的書，

真是日有所「見」，夜有所夢。那是因為一九八五年秋末，有一天我在準備兩週後，需在附近健言社團的演說，因為美蘇將在十一月中旬作高階層會議，覺得用和戈巴契夫有關的講題，可能比較適合，所以就借了一些有關戈巴契夫的書，希望多瞭解些他出生地的風土人情、他的教育背景、及事業。

一九九一年十二月二十六日蘇聯正式全部解體。其實從一九八八年開始，蘇聯旗下十五個共和國就開始紛紛宣布獨立，例如其中最大的俄國於一九九〇年六月十二日獨立。想不到在第二年，就如同夢中一樣我真的去到了俄國。當時我在美國國家標準與技術研究院（NIST）工作，NIST 是國家一級計量單位，跟我們對口的俄國計量院是 VNIIFTRI（All-Russian Scientific Research Institute of Physical-technical and Radio-technical Measurements）。我和另外一位同事於一九九一年十月中下旬，跟據交換計劃去俄國出差訪問，我們主要是去參觀實驗室、作學術性演講、及和科學家們交換意見。為了要到這個天寒地凍的地方，我們帶著冬衣，更帶著好奇、緊張、和興奮的心情，踏上了難忘的旅程。

聖彼得堡（St. Petersburg）

一九九一年十月十五日星期二，我們從紐約坐下午五點三十分的 Pan AM 飛機，九小時的飛行加上六小時的時差，第二天早上八點半，想不到我們已在莫斯科，是個艷陽天，機場內停的多半是俄國的飛機。有三位俄國計量學家來接機，陪我們吃早餐後，送我們去國內機場飛往 St. Petersburg。飛機為俄國製造，設計陳舊，很窄一排坐六人，不過坐位很軟也很平穩，我都睡著了，

一小時半後到達目的地。由一位學人及一位翻譯來接機，此翻譯為五年大學語言系畢業。St. Petersburg 城為俄國第二大城，為彼得大帝於一七〇三年學歐洲而造，有點像放大了的威尼斯，是一個很美麗的海港城。我們去了城中最大、最古老、而又最有名的 Hermitage 博物館，館內金碧輝煌很精緻，主要是展出藝術、歷史、和文化。

我們還去參觀了光學所及度量衡研究所。光學所的工作很多和我的相近，他們實驗室的儀器很齊全，主要是在紅外線波段內測量物體之透射率、反射率、鏡射率、漫射率、和雙向反射分佈函數，並設立其標準。

度量衡研究所計有長度、質量、角度、和電阻等標準，他們的計量學家覺得自己的儀器簡陋，電腦貯存量太小，個個急於和外界連絡，多想有機會能到國外參觀。度量衡研究所第一任所長為著名化學家 Dmitri Mendeleev，很高興學到原來他就是在一八六九年世界上創建化學元素週期表（periodic table）的第一人。他不但正確的安排了已知的元素，並且預見了一些尚未發現的元素。我們還去參觀了他的紀念館，在他比真人稍大的塑像邊大牆上，就畫有這個著名的週期表。不禁回憶起我在台南二中念初中時，理化課的化學元素週期表老是記不得，尤其是要記住每個元素的價位（valence），也就是原子最外圈有幾個或缺少幾個電子，可使我頭大了。但是死記既然不成，有一天靈機一動，乾脆把個週期表寫成打油詩，又押韻，那不就容易記了嗎？因此而作了七言化學元素週期表打油詩一首，記表的困難迎刃而解，一輩子也忘不了。有幸站在化學元素週期表創建人的塑像旁，更覺十分親切。

第三天的晚上我們坐夜班臥鋪火車前往莫斯科。我坐的是第七節車廂的一個包廂，每個包廂有兩張床，上有墊子、毛毯、床單、枕頭、及毛巾。打開床板下面可放行李。床頭有小燈，床尾有掛衣鉤及架子，有擴音器可打開聽廣播。我在車上半睡半醒，窗外見兩邊都是白楊木，快到莫斯科時鐵道兩旁房子很舊。八小時後火車準時於第二天星期六早上到站。

莫斯科（Moscow）

到了莫斯科，來接我們的汽車從車站開到旅館的途中，經過市區的一些大街小巷，見到在一小圓環處，好像是列寧的塑像被拉彎了朝地，在俄國國會大樓（The Russian White House）前有許多在八月動亂時用來阻擋坦克車的鐵架，都還沒有來得及處理。一路上見到一九一七年蘇聯成立後的建築，都灰灰暗暗的很難看，相反的是，以前的建築五顏六色設計得極其漂亮。到旅館時見到俄國計量學家瑞伊莎在大門前歡迎我們，她是我今年夏天去澳洲參加國際照明協會大會時第一次認識的，這次再得相見真是格外高興。當晚在旅館進餐後，要上樓去旅館房間之前，接待人員說最好帶一瓶礦泉水為第二天早上涮牙漱口之用，怕我們對當地的自來水不習慣。

我們到俄國計量院時，發覺除了有俄國白藍紅三色旗之外，老的蘇聯的鐮刀旗還沒有來得及拿掉。參觀了下列一些計量實驗室：分光光度、光幅射、光度、黑體、探測器、色度、光密度、時間、頻率、聲學、溫度等。我們在院長的大辦公室中演講，牆壁上掛有小銀幕，用簡陋的幻燈機放幻燈片。我介紹我們研究院有關分光光度的各種計量標準，並特別介紹對雙向反射分佈函數之

紅梅朵朵開

研究。

俄國漸漸由計劃經濟改為市場經濟，在轉型期間社會加速變化，不像以前那樣穩定，許多俄國人很難適應。就連俄國計量院的運作方式也在改變，計量核心單位的經費，百分之八十五由院方出，其他百分之十五則須單位從外面想辦法。應用單位的經費則相反，多半需要自理。院方鼓勵其學人向國外申請作訪問學者，由國外機構資助，並獎勵大家賣研究成品到西方，以減輕院方的財務負擔。這一切使得人心惶惶，非常擔心害怕，多次訊問我們有關美國的生活及作事的情況，深覺自己可能不太適合到美國作訪問學者或移民美國。這種心境我是深深的瞭解而同情的。在科研上美國的競爭是蠻激烈的，沒有新的點子可能就會被淘汰出局。我個人單位的研究經費一半是需要從外面爭取，也常常讓人覺得很費心而又擔心。很幸運的是有好幾年外面找上門來，並提供大量經費，確實完成了一些新的項目。

星期日最近在此特別盛行自由市場，也就是美國的跳蚤市場（flea market），在露天大體育場上大家擺地攤，簡直是人山人海。賣的多半是古畫、神像板、紀念品、小手工藝品、牛仔褲、漆盒、化石等。我買了一個套裝洋娃娃（matryoshka，即 nesting dolls）給我女兒雯綺，這是一套八個木製的洋娃娃，小的依次放在大的裡面。後來才知道早在約一五〇〇年代中國就有了套裝盒，到一八〇〇年代已有了套裝娃娃，而於一八九〇自日本傳入蘇聯。雯綺還保存著這個娃娃，現在給了外孫女佳琪作玩具。那天是由瑞伊莎的丈夫陪我們去逛的自由市場，她丈夫是建築商經理，負責建造舞台建築包含聲光等設備。那一天天氣極冷約只有華氏二十五度，雖然瑞

伊莎借給了我外套、圍巾、和厚手套，手腳還是凍僵了。回到瑞伊莎的家，他們建議我喝伏特加（vodka）烈酒以去寒，我拿起一小杯一乾而盡。我平常是滴酒不沾的，因為喝酒後會滿臉通紅頭昏腦漲，但這次大概是因為冷到骨子裡，一杯下肚好像喝白水似的，一點都不覺得怎麼樣。瑞伊莎在閒聊時告訴我說，政府交接時局動亂之時，土地所有權還不明確，她就十分有先見地乘機在祖父郊外留下的一塊地上，每年幾塊磚幾塊瓦地在這塊土地上造起別墅來。

俄國人喜歡一下班後就趕往劇院，先在劇院內小食舖吃些，沙門魚、香腸等三明治，或者紅魚子（roe）、黑魚子（caviar）塗了的小麵包，然後看劇。有三晚他們就招待我們去歌劇、芭蕾舞、及交響樂劇場，劇院非常富麗堂皇，牆上有許多名作曲家的塑像，看來俄國人文化水準高也蠻會享受人生的。

在聖彼得堡和莫斯科和俄國學人聊天時，我都喜歡試試他們講中文的能力。我請他們說四個卷舌音 ㄓ.ㄔ.ㄕ.ㄖ （zh ch sh r），他們每一個人都念得字正腔圓，講得正確極了，原來俄文有三十三個字母，大概裡面有這四個音吧，我說太棒了，他們應該趕快學中文。

一九九一年十月二十八日星期一，早上坐八點三十分的 Pan Am 航班，從莫斯科到德國的 Frankfurt 後換大飛機，於下午三時四十分飛返維州，機長宣布這是 Pan Am 最後一次飛「德－美」航線，原來不久十二月四日這家航空公司結束全球營業。這也真是戲劇性的結束了我這次難忘之旅。

後記

　　二〇〇五年在西班牙開國際照明協會大會時，又見到瑞伊莎，她很高興地說她的別墅終於造好了，以她丈夫對建築的專長，一定是造得美侖美奐的。蘇聯解體後，近十幾年來俄國絡續有學人，到我們研究院作訪問學者，也有的移民來美，長期加入我們的行列。從一九八八年到一九九一年世界發生了許多大事：首先是一九八九年六月四日中國發生了天安門事件；同年十一月九日柏林圍牆倒塌東德倒台；這四年內蘇聯十五個共和國相繼宣布獨立，最後於一九九一年十二月二十六日蘇聯全部解體。我很巧得在這個歷史性的重要時刻，親身目睹了這轉型期帶給我們俄國同行的惶恐和不安。

（2017.05）

敕勒川，陰山下。

天似穹廬，籠蓋四野。

天蒼蒼，野茫茫，風吹草低見牛羊。

南北朝／佚名　民歌「敕勒歌」

作者穿南非裝

　　那是一九九七年九月初，太座、小兒宇文、和我剛開車出了 Skukuza 機場，向右轉到路上時，赫然迎面而來的是一個龐然灰色巨物，要不是及時猛然剎車，真差點撞了上去。定睛仰頭看時原來是一頭非洲大象，約有一層樓房頂那麼高，極大的耳朵，長長的象鼻一幌一幌慢慢地跨過馬路。原來機場就在南非 Kruger 國家公園內，大小野生動物在此隨意走動。是什麼機緣使我們到

這個遙遠的地方來，又有什麼傷感的插曲，和一些親身的體驗呢，現在讓我細說分明。

機緣

一九九七年八月底九月初，我需要去南非，以世界總會長的身份，參加國際照明協會在 Durban 城召開的期中會議。太座報怨說以前陪我出差，只到開會的小城轉一圈就打道回府，其他地方都沒逛到。這次機會難得，著名的野生動物園就在附近，應該就近去看看。再加上小兒宇文那時正在舊金山修神經科學博士學位，莘莘學子需要輕鬆一下，他立刻自願陪我來此開會。就決定會開過後我們一起去遊覽 Kruger 國家公園。這園面積大約有半個台灣大，也相當於半個海南島，或美國的 New Jersey 州。遊園的計劃就由太座負責，她卻大費周章。那時和公園連絡需用電傳（FAX），預付費用需寄去銀行匯票，幸虧太座很有耐心，把我們在公園內北、中、南的住處和租車都安排妥當。

南非離美國很遠，我從紐約坐九小時的飛機，在非洲西面的一個小島加油，再飛九小時才到非洲東部的南非國。因為我是國家政府職員出差，我需搭乘政府指定的飛機，機票很貴。再加上我必需要先去 Johannesburg 城，參加南非照明學會二十週年慶典，因這城治安很不好，太座和小兒就決定不去 Johannesburg，並選擇乘較便宜的英航，先到倫敦再飛南非東岸的 Durban 和我會面。

插曲

八月底太座和小兒在倫敦轉機，需待約十小時後才能轉機去南非，他們就決定進城去吃個豐盛的早餐再看個戲。進了倫敦後，正是清晨，市面出奇的安靜，買了張報紙驚訝地讀到全國愛戴的戴安娜王妃前晚清晨時在巴黎因車禍死亡，還以為是謠言，問了面色沈重的報攤賣主才知道是真的慘劇。後來九月初我們在 Kruger 公園時，每到過夜之處都在電視上，看到了全球民眾的驚訝反應和在倫敦盛大的葬禮。在寫這篇文章時因正值戴安娜王妃過世二十週年，美國電視公司特別播放了約兩小時的節目，主要是描述她遇難前一百天內的事件。

原來一九八一年九月二十九日，戴安娜於十九歲時下嫁查爾斯王子，婚禮盛況空前，萬人空巷，兩人就如童話中的王子和公主，頓時全國就愛上了這位美麗的王妃。我至今還有一個餅乾盒，蓋上有他們的結婚照。可惜好景不長，不久王妃就發現，這位花心王子雖然有了如花美眷，還是一直和老情人藕斷絲連。這就導致他們以後分居，二、三年後，被英女皇所逼，於一九九六年八月二十八日宣布離婚，次年八月三十一日王妃死於車

紅梅朵朵開

禍時只有三十六歲，真是令全世界疼愛她的人悲嘆不已。

遊園

我在 Johannesburg 參加慶典活動後就飛到 Durban，太座和小兒不久就從倫敦飛來會面。期中會議是由一位滿戴勳章的南非部長致歡迎詞，我也以總會長的身份致詞，儀式非常隆重。待董事會、會員大會、和技術會議都開過後，我們就趕往 Kruger 國家公園。

南非國位於非洲東南部，而 Kruger 國家公園則在南非的東北角，南回歸線就在其北邊，屬於亞熱帶地區，九月是此處的春天，天氣宜人，最適合遊園。小兒的表哥趙敏一年前曾來非洲旅遊，他建議我們租用 SUV 車，因為車的底盤高，可以很容易在園中看到野生動物，無需等到像文首所述「敕勒歌」中所唱的「風吹草低見牛羊」了。還有此車有七個座位，除我們三人外有許多地方可以放行李。

我們住在有傘狀草篷屋頂的水泥屋內，屋內很清潔，衛生設備也很齊全。南非喜歡吃烤牛肉，在水泥屋附近，有許多備有瓦斯的烤爐供遊客使用。每間屋外都放了野餐桌椅，小猴子就在那裡跳上跳下，期望能分享到旅客的晚餐。晚上睡覺時常聽到在通了電的鐵絲圍牆外土狼（hyena）可怕的吼叫聲。聽說土狼特別兇猛，土狼群會跟在獅群後攻擊體弱落單的獅子。各種野獸放生在公園內，遊客不可在圍牆外行走以保安全，圍牆的大門也定時開關。

我們白天開車在公園內到處參觀。會看到水牛、河

馬、或鱷魚在小湖中泡水。有時中午會有幾個大小獅子懶洋洋地躺在路當中曬太陽擋住去路，我們只好耐心地等它們離開。有一次一隻大狒狒（baboons）居然爬上了車蓋，就大模大樣地坐在擋風玻璃窗前久久不肯離去。既然隔了層玻璃它不能傷害到我們，我們也就坐在車內和它四目相對，它看我們守規矩不給它食物，久等後也就失望地放我們行。此外常看到犀牛、長頸鹿、和飛羚（impalas）。也常看到許多長得很像小馬的灰色角馬（wildebeests），它們喜歡成群地低頭在燒焦的草原上吃新長出的嫩芽。可惜整個旅程，我們一個獵豹（cheetahs）和豹子（leopards）也沒能見到。印象最深的植物是遍地的飛羚百合（impala lily），每朵花約兩英吋大，共有五瓣，每瓣的邊緣是深紅色而中為粉紅色，特別醒目。

我們還參加過一次夜間遊園團，是坐敞蓬中型卡車，約可載十五人，坐位為階梯型，這樣前面的遊客不會擋住後面的視線。乘客不可離開卡車或離團遊覽。卡車除司機外，很特別的是還有一位帶長槍的導遊，遊客在園裡用廁時，他就帶著長槍就近保護遊客以防夜間野獸攻擊。晚間公園裡，沒有路燈和人間煙火，在一片漆黑中簡直就在比眼力，看誰能先看到野獸。我只能看到叢猴（bushbaby），因為導遊手電筒的燈光對著它們照時，它們的眼睛會反光發亮。另外導遊還說起大象年長老死之前，都因為牙齒脫落不能咀嚼而餓死，由此可見牙齒保健的重要性。而最老的雌象永遠是象群的頭子。他還告訴我們說公園是採自然法管理，例如野火若燒到人造的路邊就停了，他們會幫忙讓野火繼續擴散到路對面，這樣才能達到自然的新陳代謝。並說 Kruger 國家公園正在計劃和東面 Mozambique 國的公園打通，連成一個更大的公園。

我們很幸運有這個難得的機會，第一次身臨野生動物園，不但增長許多見識也得了很多樂趣，帶著無窮的回味返回美國。

後記

二十年後的今天，很高興得知 Kruger 國家公園和東面 Mozambique 的 Limpopo 國家公園，及北面 Zimbabwe 的 Gonarezhou 國家公園，終於按計劃連接成 Great Limpopo Transfrontier 公園。讓在這個大公園內的野生動物可以盡情地奔跑享受大自然。

（2017.05）

第七章／旅遊篇

7-03 從 Pho 說起：賭城風雲錄

　　從二○○四到二○○八年，我在美京城內的，航空與太空博物館（National Air and Space Museum），作義工解說員（Docent）。每逢星期三，我就早早起床，著裝後開車去洛城的地鐵站，坐地鐵進城，再走兩條街到博物館，共約一小時多。每次為十五到二十位各國的遊客，作約一小時半的解說。回到洛城地鐵站開車要回家時，已饑腸轆轆，總是順路在附近的越南店「Pho 75」，吃碗米粉湯麵，以獎勵自己。從那以後我就常常去吃。

　　今年（2017）十月中旬，太座梅強國和我一大早從東部華盛頓搭機去西部賭城 Las Vegas，到達時已近中午，因時差的關係其實已過了十小時，肚子簡直餓壞了。幸好太座臺北二女中（北二女）的同學，周美棠和她的公子來接機，很幸運的是，她立刻送我們去 Rio 大旅館內的 Pho Da Nang。看來是一家華人開的越南飯館，中越菜都有。我點了一大碗的越南湯麵，除了稍寬的米粉之外還有生熟牛肉片、牛筋、牛肚、綠豆芽、香菜及滾燙的牛肉湯，我還加了些海鮮醬調味。味道極為鮮美，我因為太餓了，大口大口的，不一回就碗底朝天，吃喝得真是大為過癮。

　　這次來 Las Vegas 賭城，是陪太座第三次參加她北二女同屆的同學會。兩年前在加拿大洛磯山同學會結束前，太座和周美棠就被委以重任，主辦今年的同學會。在年初調查時，報名參加的同學很少。幸好在加州的徐潤蘇登高一呼，招集了些附近的同學，才有了十六位同學，及六位夫婿也都是英俊的護花使者，決定出席參加

共享盛舉。巧的是有五位同學居然是同班六年，見到後喜躍三丈，並不時坐在一起回顧兒時，照相留念。

　　天有不測風雲，就在要開同學會的兩星期前，賭城發生了極大的槍擊案。原來當晚在 Mandalay Bay Casino 旅館前的大廣場上，有兩萬多人正在參加西部鄉村音樂會。在旅館的三十二層樓上，兇手不知是何動機，把數枝半自動步槍改裝成機關槍，瘋狂的向下面人群掃射，禍從天降，造成了五十多人死亡及五百多人受傷，是美國約七十年來最大的兇殺案，令全美及世界震驚。遇到此重大事件，太座不知大家是否還有心情到這剛出大禍的城市參加同學會。又多虧徐潤蘇幫忙調查意願，才得知大家認為在同一個地方不太可能立刻再發生類似的事故，所以要照預定的計劃參加同學會。

　　周美棠是太座初中就同班的同學，一向聰明能幹。太座常回憶當自己還在牙牙學英文拼音時，周美棠已能流利地唱英文流行歌曲了。如今她就像一隻候鳥，天熱時住在加拿大的家，而天涼時就住在賭城近郊的家。因為她是識途老馬，這次同學會真是出了大力。就如一位全陪嚮導，一手包辦。她仔細設計了參觀的景點和買好票給大家觀看大型的表演、安排在何處用餐。她甚至租了一部有五排座位可坐十五人的麵包車，並自任司機，全權負責交通安排。如果坐在車中後排平平穩穩的不去特別注意，真會以為是一位職業司機在開車，而沒想到卻是一位勞苦功高的「女強人」在掌舵。再加上因為賭城天氣十分乾燥，濕度只有百分之二十，會令人常常感到口渴，因此她每天特別給大家準備了瓶裝水，真是太體貼週到了，令大家十二萬分的感動和感激。

旅館的賭場一眼望去多是亞洲顧客及顧員，怪不得賭城到處都是中國飯館。當地中文報上也有無數中國飯館廣告。這次聚會我們飽嚐了賭城富麗堂皇中國餐廳的佳餚，讓我這個愛吃中國菜的人，大大的飽了口福。我們曾在港粵大酒家（KJ Dim Sum & Seafood）吃點心、和菜、及魚片粥和瘦肉粥宵夜，金元寶廚坊（Ping Pang Pong）吃和菜，及在美棠的公子最愛的錢莊麵家（Noodlexchange）品嚐過海鮮火鍋，實在太過癮了。

　　賭城為了吸引不熱衷賭博的遊客，特別供給全家老少皆宜的娛樂項目。我們去了 Tournament of kings 的表演。大家坐在競技場外，看穿戴鮮艷的中古騎士在場中打鬥，並一面吃晚餐：有湯、童子雞、蔬菜、和甜點。我們就像古時的人一樣，沒有餐具，只能用手抓來吃。另外還去了米高梅劇場看了 KA by Cirque du Soleil 的表演。劇場很宏偉，約有五層樓高，看到許多雜技表演，並學到了好萊塢如何用特種道具和器械來拍電影。但是我發覺自己的心臟愈來愈脆弱，打打殺殺的場景，有時真慘不忍賭。劇終燈亮時，看到大家的笑臉，人才輕鬆些。

　　除了經驗賭城燈火輝煌，及旅館大廳的迷宮外，有一天周美棠清晨四點即起為大家預備了豐富的早餐，再開車載我們遊了五十英哩外有名的 Valley of Fire 州立公園，去欣賞大自然奇景。那裡有兩億年老的 Aztec 砂岩，呈鮮紅色嵌在灰色和棕褐色的石灰石之間，遠看起來有點像蜜蜂窩似的。爬上數段鐵梯覺得自己還有腿力，見到了山壁上印弟安人畫的動物和弓箭等歷史記錄。

紅梅朵朵開

最後一天的黃昏，周美棠帶我們去逛了有名的 Fremont 步行街。原來這裡本是賭城漸漸沒落的老社區，二○○九年時，網購鞋店 Zappos 的年青老板 Tony 謝，帶頭出資開發，將此街裝上網狀屋頂，只準行人步行，現在已成為賭城一個有名的景點。有各種店舖、賭場、小舞台表演、雜耍、及空中飛人，十分熱鬧。得知這位充滿魄力年青人的父母是來自臺灣的移民，讓我感到與有榮焉。當大家快要離開此街時，忽然發現少了一位同學，幸好手機的發明派上用場，兩位同學及一位夫婿立刻回頭尋人，終於在這街的另一盡頭，找到這位迷途的羔羊。原來她忘情於照相，沒趕上跟大伙一塊走，而轉向相反的方向，大家都慶幸她終於歸隊。在這步行街逛了快近兩小時，又累又餓，周美棠帶我們去了一家自助餐店，只要十元，就可吃到大塊牛排，及非常新鮮的沙拉，還有冰淇淋，給此行畫下了完美的句點。

這次同學會雖然沒有大大地賭博，倒是充分利用了旅館的設備。在我們住的 Rio 大旅館旁有許多游泳池，有一座假山旁十分隱蔽，正好作為同學開會及作節目的地方。第二天早上吃過點心後，同學在那裡聚會討論以後開同學會的事。大家都深深覺得因馬齒加增，體力都大不如前，要主辦和參加大型的同學會愈來愈困難，就如臺灣名作家三毛編的電影「滾滾紅塵」中的歌詞：分易分、聚難聚，就一致決定「化整為零」，把每兩年一次的大聚會，改為不定期地區性的聚會，也就是說某一地區若有小聚會就通知全體同學，住在他處的同學若有可能，也可共享盛舉，豈不善哉！

第四天近午，同學們又在池邊聚會進行兩個節目。

第一個是陳莜蘭和夫婿李澤民示範元極舞並配以音樂。

元極舞是集舞蹈、醫學、音樂、武術於一體的健身運動。她倆示範的是第一集「金蓮初開」，共有十二節。舞姿優美，頗有韻律，實在是一種可以延年宜壽的運動。第二個節目是由徐潤蘇和高明敏主持的猜謎遊戲。她們花了兩年，苦心收集最精彩的謎語，組成共有二十五個數字成語謎：例如謎面是「九寸加一寸」猜「得寸進尺」，謎面是「2、4、6、8」猜「無獨有偶」；及二十五個四字成語謎：例如謎面是「軍事論文」猜「紙上談兵」，謎面是「茶館搬家」猜「另起爐灶」。大家絞盡腦汁，七嘴八舌地說出各自有趣的謎底，猜對時大家都嘆為觀止，十分熱鬧。給獎時，居然有雙料冠軍，當然參加的人人有獎，皆大歡喜。

　　我和太座多年來參加好些同學會，覺得這一次陪太座參加的北二女同學會特別溫馨而感人。我也有許多機會談天敘舊，並多認識了好多善良優秀的朋友。大家都非常關心別人，婦唱夫隨，一心為團體服務。因為沒有旅行社安排一切，校友們遇到問題，大家即時討論解決。

麵包車不夠載所有的同學，陳莜蘭夫婿李澤民多次開自己的車接送。當太座到了賭城之後發覺，自己多算了四人參加看兩場戲，但是戲票多已經買了是不能退的。好幾位同學立刻打電話給當地的朋友，看他們能否來看戲，最後幸有本來不打算去的六位好心的同學和兩位夫婿慷慨解囊「拔刀相助」，解決了財政上的危機。她們每到一處就拉開北二女的橫幅，照團體照，吸引了不少旁觀者。有位來自台灣一位大學的畢業生，還要求量北二女橫幅的尺寸，好照樣為他自己的大學同學會定做一幅。又很巧碰到小她們十數屆的學妹告訴說，北二女正在計劃慶祝創校一百年二十週年的大典，鼓勵學姊們回國參加。

看到她們同學間五十多年來的情誼歷久彌堅。我深信以後在各地區的小聚會中會繼續保持連繫，重溫舊夢，相互支持，發揚北二女「中華好女郎」的精神。

（2017.11）

7-04 安徒生〈Andersen〉與葛利格〈Grieg〉

紅梅朵朵開

前言

我初中時就讀於臺南二中，美術課時老師講到如何欣賞梵谷（Vincent van Gogh）之名畫。多年後至荷蘭美術館，得見真蹟時，真是感到無比的高興。青少年時看過的童話故事中，最記得的有：「醜小鴨，The Ugly Duckling」和「人魚公主，The Little Mermaid」。念大學時開始欣賞古典音樂「皮爾金特組曲，Peer Gynt Suites」，後來並買了它的唱片。今年（二零一八）八月下旬到九月初的北歐三國之旅，真是有幸能到了童話故事的作者安徒生（Hans Christian Andersen）與音樂作曲家（Edvard Hagerup Grieg）的故居，也同樣感到無比的興奮，並深覺不虛此行。

安徒生

八月二十一日飛機從美國華府，經倫敦於二十二日到達丹麥東面的首都哥本哈根。第三天也就是二十四日大清早，旅遊車往西開，載著大家到了 Odense 城內一個很安靜的老社區。那天細雨綿綿，走過石卵路的小巷，我們終於看到了安徒生出生的一座黃色小屋，也是他兒時的故居。並迫不急待的參觀了「安徒生博物館」，館內詳盡的介紹了他的生平和多類作品。

原來安徒生是一位鞋匠和洗衣婦的獨生子。黃色小屋中陳列了一些鞋匠用的工具。安徒生的父親很貧窮，但一直認為自己是高貴貴族的後代。雖然只受過小學教

育，但常常念給他兒子聽例如「一千零一夜」阿拉伯的民間故事。他的祖母也常和他說民間傳說和宗教故事，因而奠定了他說故事的能力。就好像二零一二年諾貝爾文學獎得主來自中國的莫言，也因為他小時候喜歡聽故事，使得他後來成為一個善長說故事和寫故事的人。安徒生在附近的貧民小學上到十四歲，就自己一人搬到哥本哈根去追尋他作一個藝術家的夢想。他曾在皇家音樂學院作過演員、在合唱團唱過歌、和在芭蕾舞學校跳過舞，但都沒有十分出色。十七歲開始在拉丁語學校上學，學拉丁文、希臘文及其他科目。此時他大量閱讀著名詩人和作家的作品，四年後不幸遭到校長怪他在希臘文課本上亂寫詩句，而被迫退學。他認為從十四歲到二十一歲這段期間是他人生中最黑暗的時期。二十二歲進入根本哈根大學就讀，一年以後以優異的成績通過了升二年級的考試，他覺得這樣的基礎已足夠發揮了，就決定中途休學全力寫作，後來他的寫作生涯倒是一帆風順。

安徒生出生於一八零五年，卒於一八七五年，享年七十歲，是一位多才多藝而多產的作家。他寫了小說、劇作、自傳。因為他一生喜愛旅遊，所以也寫了大量的遊記。並善長剪紙，留有一千五百個作品，部分剪紙包括一個立體的搖椅都在博物館中展出。他還寫了一千首詩，博物館牆上展出一首他十四歲時寫的詩。他希望世人記得他的小說和劇作，但是大家最記得的卻是他一百六十八篇童話故事，許多並被翻譯成一百五十種語言。我在這博物館中就見到「人魚公主」和「安徒生童話故事全集」的中文譯本。正應了中國明代格言諺語一書「增廣賢文」中的一句話「有意栽花花不發，無心插柳柳成蔭」。因為他這些偉大的成就，被當時丹麥國王尊為國寶級的作家，並給予薪俸。

安徒生的童話故事多半以口語寫成，念起來都可朗朗上口。「醜小鴨」是我最熟悉的童話故事。一隻天鵝因為牠孵出在鴨場裡，其他鴨子覺得牠與牠們不同，就認為牠很醜，鄙視和排擠牠。其他農場上的動物也都瞧不起牠。靠著牠的毅力和耐心，終於長大成一隻美麗而高貴的天鵝。這個故事似乎是安徒生成長過程的寫照。安徒生認為自己就是那隻醜小鴨，因為他長得很高，有一個大鼻子和一雙大腳，青少年時倍受欺負，長大後因為他的成名作品才使他能擠身上流社會。

安徒生所作的另一有名的童話是「人魚公主」。小人魚是水中最小的第六公主，那時人魚最大的願望是變成為人。小人魚要變成人，就需殺死她剛救起的一位人類王子，否則她自己就會消滅，但她不忍心去做這樣殘忍的事，把刺刀丟入水中。上天感謝她的愛心，不但沒有將她消滅，而且把她昇華為天上一個不朽的靈魂。丹麥的一位雕塑家 Edvard Eriksen，將小人魚的青銅塑像，於一九一三年迄立在哥本哈根的河邊，成為世界一個有名的景點。學者認為雖然安徒生從貧民後來進入上流社會，但總覺得格格不入，就像人魚和人類之間的兩個階級。

最近有一個關於安徒生童話的重大發現。二零一二年專家從一個地方檔案局中一位私人文件內，發現了安徒生約十八歲時所寫的第一篇童話故事「牛脂燭，The Tallow Candle」。故事講述有一根牛脂燭，它的母親是一隻羊，父親是一個熔爐。它覺得很沮喪，因為找不到人生的目的。後來遇到一個引火盒，幫忙點燃了它的燭光。它終於找到生命的意義，給自己及萬物散佈了喜樂。安徒生第一篇童話極富想像力，並且特別有愛心，要帶給

世界歡樂。

　　安徒生六十五歲時寫了一篇名為「燭，Candle」的童話故事。故事是說當年用蠟作的燭多用在有錢人家，而窮人的家則用牛脂作的燭。有一根牛脂燭卻很滿足，因為它在一個很窮的家庭照亮了全家，讓孩子們可以好好吃一頓馬鈴薯的晚餐。又因爲牛脂燭可以點很長的時間，它很高興可以讓這位家庭主婦縫衣到深夜以貼補家用。安徒生約五十年後再寫的這個有關牛脂燭的故事和他另外許多篇童話故事，都可以看出安徒生早年貧困的身世，使他對社會的高低兩個階層特別專注，並且像年青時一樣還是非常有愛心，極為關懷低層的階級。安徒生晚年又再次寫個燭的故事，引證他深信當人遭遇到困苦時，要保持希望，定能突破黑暗，迎接光明的到來。

葛利格

　　八月二十八日是旅遊的第七天，清晨我們從挪威 Bergen 城的旅館出發，經過壯觀的峽灣（fjord），開往作曲家也是鋼琴家葛利格的故居。一路上導遊設想周到，在車上為大家播放葛利格有名的鋼琴協奏曲和 Peer Gynt 組曲給大家欣賞。故居是一幢二層樓黃色的房屋，屋內有講解員介紹葛利格的家庭、生平、生活、和作品。大廳中有一架大鋼琴，鋼琴上放了他太太 Nina 的照片。牆邊玻璃櫃中陳列了一位小女孩送給他的一個小青蛙寵物玩偶，每次演奏時他一定都帶著這隻幸運蛙在口袋中為他帶來好運。葛利格作曲時不能有任何吵雜聲，他覺得故居中人來人往太吵他了，所以在山坡下的水邊，特別造了一間專為了作曲用的紅色小屋，屋內只有一架立式鋼琴、一個書桌、一把搖椅、和一張長沙發。

環境很幽靜，坐在書桌前可以看到窗外的河水，真是一個啓發靈感的好地方。

葛利格的父親是一位商人，母親是一位鋼琴老師。葛利格六歲時母親開始教他鋼琴，十五歲時去德國的音樂學院學習了四年，打下了紮實的基礎。他的夫人是他的表妹 Nina Hagerup，是一位抒情女高音。葛利格是浪漫主義音樂時期的重要作曲家，也是一位民族音樂家，他喜歡把挪威的民間音樂用在他的作曲中。深受有名的匈牙利作曲家李斯特 Liszt 和俄國的柴可夫斯基 Tchaikovsky 的推崇。葛利格生於一八四三年，卒於一九零七年，享年六十四歲。雖然一生體弱多病，但他是一位作品豐富而多彩多姿的作曲家，一生有七十四件作品，包含鋼琴協奏曲、戲劇配樂、小提琴奏鳴曲、鋼琴抒情小品、及大量的藝術歌曲。是挪威全國喜愛的作曲家，被後人稱為「北方的蕭邦（Chopin）」。受到國家給予傑出藝術家的津貼。

挪威名劇作家易卜生（ Henrik Ibsen） 寫了一個有名的五幕劇作 Peer Gynt，一部現實和奇幻混合的劇本，全劇多半用詩句寫成。故事是講一位自大自誇而富想像力的詩人，在山上因喝醉撞石昏倒，在夢中見到精靈的心路歷程，及他多年的遠途旅行。有點像「紅樓夢」小說穿插現實與神話的寫法。最後他歷險歸來而死在他女友 Solveig 的懷中。Ibsen 請葛利格為此劇寫配樂，就是大家後來耳熟能詳的 「Peer Gynt 配樂 （Incidental music）」。此配樂共約九十分鐘，葛利格把其中兩小段作成兩個組曲，後來在音樂會上常被演出。我五十年前收集的唱片，就是由 RCA 公司為這兩個 「Peer Gynt 組曲」出版的唱片，其中包含有 Solveig 的唱曲。

安徒生與葛利格

　　這次到訪兩位藝術大師的故居，由於所見所聞，及旅行後閱讀參考資料，發現了他們幾個異同點。安徒生出生貧寒，靠了他不屈不撓的精神，及對人性和社會的敏銳觀察，使他成為名作家，並深受全世界的兒童喜愛。而葛利格則生長在一個富裕的音樂家庭，雖然他一生多病，但靠著他在德國音樂學院打下的基礎，及自己的努力，後來成為十九世紀有名的古典音樂作曲家，深受挪威全民的愛戴。葛利格幸運的找到一個好伴侶，他和夫人愛情深厚。相反的是安徒生多次追求女友失敗，終生未婚。

　　雖然兩人生長在不同的國家，但他們常常合作並成為好朋友。葛利格和 Nina 訂婚時，安徒生為他們寫了四首詩。葛利格將之譜成 「Melodies of the Heart」，包含四首歌，其中最有名的是「我愛妳」。葛利格把它們送給 Nina 作為訂婚禮物，以表他的熱愛。葛利格也將安徒生一些其他詩句譜成歌曲。

後語

　　青蔥歲月時在台灣遠避戰亂，父母親喜唱戲劇和歌曲，學校師資特佳，同學們深感學習的樂趣，能自由的成長。在這種良好的環境中，因而接觸到安徒生和葛利格兩位大師的經典名作，印像很深，如今猶歷歷在目。此次北歐之旅，真的能夠親眼見到他們的故居和聽到他們的故事，真是三生有幸。安徒生說得好：「旅行就是生活」，人生至此夫復何求哉！

真箇是：

人魚公主醜小鴨，皮爾金特加組曲。
造訪故居喜欲狂，北歐之行樂趣廣。

（2018.10）

紅梅朵朵開

7-05 巧思匠心在北歐

前言

我們於一九七二年深秋搬來馬州蒙郡。新屋子裏什麼傢具都沒有，太座很喜歡丹麥造的桌椅，覺得它們線條簡單、設計輕巧、美觀、而實用。就買了一套飯廳用的柚木（Teak）長方桌和六把椅子。長方桌可以縮短，將中間的桌板藏於桌面下，非常方便。為了她的書房，太座還買了北歐造的 L 型書桌。L 型的短邊對著窗外，轉彎處放電腦，長邊靠著牆，桌上放了四英呎高的文具架，佔地不多，使這間 9x12 英呎的小書房，顯得寬大。

今年 （二〇一八） 八月下旬到九月初，我們去了北歐三國 （丹麥、挪威、瑞典） 旅遊，正好利用這個機會，去博物館和其他地方看看。現在特此撰文與各位讀者分享北歐漂亮的設計。

丹麥設計博物館（Designmuseum Danmark）

八月二十一日飛機從美國華府，經倫敦於二十二日到達丹麥東面的首都哥本哈根。第二天也就是二十三日下午有三小時自由行的時間，我們坐計程車去參觀了設計博物館。一進門就看到一張特大號設計新穎的紅椅子，太座迫不急待的爬上去照相留念。館內有一個長廊，兩邊展出許多種椅子，許多這類椅子在美國都能買到。看見許多遊客專心地在照近照，想必是設計師在尋找設計的靈感吧。另外還看到用十個小櫃子組成的高櫃子，設計很特別。後來在丹麥其他地方、挪威、和瑞典，我

們都特別留意漂亮而實用的工業設計。

椅展

圓圈椅子

螺旋樓梯

旅館內

在一些旅館房間內的牆上，有簡易的書夾，不佔地方。這裡的馬桶有特別為了殘障者用的扶手，非常方便。浴室的門上有兩個扶手：上面的為鎖門之用，下面的是用來開關門的，對手指關節不太靈活的旅客特別有利。另外浴室牆上有小勾子，大手巾一頭有小圈圈可以掛上，美觀又不佔地方。

商場內

在有些商場內見到非常漂亮的木造螺旋樓梯，真像一件藝術品。另外還見到長型、圓圈形、及 S 型的長椅子，非常別緻。在有些小食舖的坐椅旁設有小圓桌，很

小巧玲瓏。化裝品店內的展架呈螺旋型別具風味。室外的煙灰缸頗有創意。

後語

很高興這次北歐之旅，特別留意地看到許多工藝美術用品，深覺不虛此行。最近發覺一位出生於台北的美籍華人產品設計師石大宇先生，他將傳統工藝設計帶入當代生活之中。他和台灣竹產業師傅、及竹編工藝家邱錦緞女士合作，發展出一些美侖美奐的竹類產品。例如他的「竹君子」，曾獲得二〇一〇年德國紅點獎。不過我最喜愛的是他的竹衣架，有北歐柔軟的弧度和線條簡單的吸引力。希望他設計的產品不久能暢銷到歐美及世界各國。

（2018.11） 291

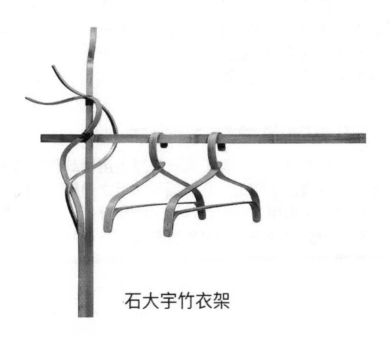

石大宇竹衣架

7-06 華府七閒遊興深：北歐尋奇與探勝

　　六年來太座一直想要去遊北歐，但我老覺得我這個"老牛破車"，還是一動不如一靜吧，對這事就是不太起勁。今年初再談起來，太座"龍顏大怒"，我深覺大事不妥，只好"委屈求全"而首肯。因而今年（二〇一八年）八月下旬到九月初，我們及五位朋友終於有了北歐十二天之旅。套句中國魏末晉初竹林七賢之名，我們這「華府七閒」倒遊得出奇的愉快，除了見到各國的皇宮、風景、沉船、安徒生（Andersen）和葛利格（Grieg）的故居外，還學到一些以前沒留意或不知曉之事，也經歷了些特別的景點，覺得非常新鮮，今特述之以文與讀者共享。

1. 三國國旗

　　遊了北歐三國才注意到它們的國旗中都有十字：丹麥的國旗是紅底白十字、挪威的是紅底白十字中再有藍十字、瑞典的是藍底金黃十字。原來這三個國家的人民大多都信基督教，而且都是屬於路德（Lutheran）教會。

2. 青草屋頂

　　從旅遊車上，常看到路旁屋上用青草作屋頂。原來木屋屋頂為了防雨，在屋頂兩木板之間用樺（birch）樹皮遮擋，再用泥土壓住，泥土中有草子，發芽後長成青草，因此看起來好像是用青草作屋頂似的。倒是蠻好的景觀。

青草屋頂

3. 圓筒稻草

　　一路上公路兩旁，見到許多一樣大的圓筒形的塑料袋有白、粉紅、和藍色三種，直徑約五英呎，快有人一般高，很整齊地放在收割後的農地上。我們好奇請問導遊，據導遊告知，原來袋中是稻草，農家把稻草放在大塑料袋內，在太陽下使其微微發酵而呈甜味，作為牲口的飼料。若發酵過度則成為堆肥，就可用來作肥料了。購買粉紅色的袋子要多加點錢，作為捐給乳癌基金會之用。藍色袋子多加的錢是捐給前列腺癌（prostate cancer）基金會的。這不失為男女都顧到的慈善之創舉。

4. 冬運滑坡

　　我們去了挪威的 Lilehammer，此地為一九九四年冬季奧運會的比賽場所。我們到的斜坡為當年二月時自由式坡道滑雪比賽之用。挪威崇山峻嶺，冬季積雪很多，

滑雪是挪威全民的運動。一九九四年挪威全國很驕傲而興奮的能爭得主辦權，那次是歷年來辦得最好的一次冬季奧運會。我們那年已搬來華府二十五年，孩子都已離家就讀，是我們的空巢期。每次冬運我們最喜歡看的就是花式溜冰，一九九四年也不列外。猶記得那年美國隊出了一件大事，那就是溜冰選手 Tanya Harding 爭奪金牌心切而利令智昏，造成讓她丈夫雇人棍擊另一選手 Nancy Kerrigan 的醜聞。後來正式比賽時，Kerrigan 得到銀牌，而 Harding 只拿到第八名。因為醜聞，她出賽時受到全場觀眾的噓聲，真是惡有惡報。

5. 中文處處

多年前遊意大利的威尼斯（Venice）水鄉和法國巴黎，都常見到日文說明，而沒有中文。這次遊北歐，則不見日文，而常見到中文。在旅館自助早餐時見到的中文有：「溏心蛋」、「全熟蛋」、「親愛的顧客，你可以打包你的早餐便當，收取費用 95 克朗」。很多地方都見到「出口」字樣。在一艘遊輪上見到賣「生力麵」的牌子，我就買了一杯用開水沖了吃，真吃得津津有味。在挪威漁市場每家小餐店都顧了一位會說中國話的店員，告示牌還寫了：「你們好，我們説漢語，歡迎光臨！」。在丹麥安徒生博物館內牆上，居然陳列著安徒生十四歲時寫的一首詩的中英文對照。中國大陸遊北歐的旅客很多，在遊輪上我們就遇見有來自北京和上海的旅遊團。在旅館早餐時，也碰到來自大陸其他地方的團體。他們的購買力特強，替北歐帶來了許多商機，商人為了引合遊客，自然就特別想盡方法來方便他們了。

6. 氷凍酒吧

在瑞典首都斯德哥爾摩 （Stockholm），我們到了一家別開生面的氷凍酒吧 （icebar）。在酒吧門口，工作人員幫你穿好愛斯基摩人的行頭，戴上厚厚的手套。酒吧內四壁及所有傢俱，全部以瑞典北部 Torne 河的氷凍河水打造建成，常年在氷點以下。進門後我在氷涼的櫃檯前點了氷飲，工作人員拿了一個裝滿飲料的氷杯給我，拿起來又重又冷，差點就拿不穩，手抖抖的拿著喝了下去，非常有意思。酒吧內有一隻氷天鵝座椅，還有氷做的太師椅和各種雕花的屏風，好一個氷晶的世界，真是一個新奇而難忘的經驗。

7. 晚宴大廳

諾貝爾獎有一百一十八年的歷史，是世界上最有名望的獎項。每年十月初我都喜歡上網去查看各類獎項得獎的詳情，包含生理／醫學、物理、化學、文學、和經濟，覺得深受感動和啟發。每年的頒獎典禮及晚宴一定在貝爾先生的生日十二月十日舉行，不管當天是星期幾。我都會迫不急待地到網上聆聽得獎者的學術演講、看授獎典禮、聽晚宴後數位得獎代表的簡短致詞、和看晚宴富麗堂皇的場面。這次北歐之旅，我們去了瑞典首都的市政大樓，有幸站在諾貝爾獎晚宴時所用的大廳內，並見到那長長的石梯。晚宴前瑞典國王、皇族、得獎者、和其他賓客，都魚貫的從此石梯走下入座。在石梯轉彎處的小平台上，各得獎者代表在此作簡短的演講。今年十二月十日我將再在網上觀看晚宴，那時將會覺得格外真切。

後語

此次北歐之旅，吃得好、風景奇、見識增、人可親、相談歡，真是一次溫馨而難忘之遊。太座六年來的心願已償，"龍顏大悅"，從此家庭和睦，天下太平。

（2018.11）

7-07 難忘意大利：孫輩仿民歌

　　據報載意大利威尼斯（Venice）今年（2019）十一月十二日因大雨，第二天積水六英呎，是五十三年來最大的一次。據統計資料威尼斯十大積水年，有五次發生在近二十年內，市長說多半是受氣候變遷之故。意大利政府為了保護威尼斯及它的三條水道，從公元 2003 年開始了 MOSE 工程（Modulo Sperimentale Elettromeccanico project，意文簡稱 MOSE project；英文為 Experimental Eletromechanical Module）。太座的長兄為美國麻省理工學院（MIT）的流體力學教授，就被邀請參與這個工程。工程預計於 2022 年完成。威尼斯城區是聯合國教科文組織（UNESCO）世界遺產之一，希望此工程最終能拯救這個全球的寶貴城區。

　　我第一次是 1987 年去威尼斯出差。威尼斯在意大利的東南方，是一個可愛的城市，和蘇州相似，市內有許多小運河，橋也很多，交通多靠水運，有公共汽船、計程船、和小龍舟（gondola）。公共汽船第十七站（Arsenale Stop）隔一座小橋，是我住的旅館 （Hotel Albergo Auovo Teson） 。威尼斯有著名的聖馬可（San Marco）教堂，據說這次積水也沾濕了些名畫，實在可惜。跨過水道上的幾座橋可以走到附近的小島 Murano，島上以生產玻璃藝術品出名，我還買了一個十英吋高刻花的花瓶和一個兩隻前蹄躍起十二吋高的馬，現在都擺設在客廳內觀賞。

　　後來還和太座一起去意大利旅遊過，在威尼斯水道內我們坐了小龍舟，船夫戴著盆形帽，繫著紅領巾，並高聲唱著我喜歡的意大利民歌 「O, Sole Mio」（我的太

陽），當然我給了他許多小費。我們還去了中部的 Florence 城，中古時的意大利名字是 Fiorenza，徐志摩在他的詩文中翻譯為有名的裴冷翠。此城有許多文藝復興時期的藝術品，其中最有名的是名雕刻家 Michelangelo 於 1501-1504 年所雕刻聖經中的 David，是一座十七英呎高大理石的雕像，非常雄偉。

我們也去了羅馬，在 Sistine 教堂很高的天花板上看到了約五百年前 Michelangelo 的名畫 Creation of Adam，在畫中上帝的食指幾乎碰到亞當的食指，象徵上帝傳遞給亞當也就是全人類以生命。在羅馬也去了 1953 年的電影「羅馬假期」（Roman Holiday）中 Gregory Peck 和 Audrey Hepburn 到過的西班牙台階（Spanish Steps），台階建於 1723 － 1725 年，可以走上到 Trinita dei Monti 教堂。我們還去了 1954 年電影「羅馬之戀」（Three Coins in the Fountain）中三位女主角去許願的 Trevi 噴泉，我們倆也背對著噴泉拋銅板許願，這首有名的歌是我們常常愛唱的：

Three coins in the fountain，
Each one seeking happiness。
Thrown by three hopeful lovers，
Which one will the fountain bless？

提起意大利，不禁讓我懷念起初中那段美好的時光。我初中就讀於台南二中，學校座落於市區的北端，紅磚的校舍，校內有許多棕櫚樹，因地近公園，環境十分優美。學校的老師皆一時之選，有很好的美術和音樂的教育。美術課我們學會欣賞荷蘭畫家梵谷的名畫；音

樂課時教我們唱意大利民歌，民歌的中文翻譯詞句很美，而且壓韻，很容易記住。六十多年後我還記得兩首：一首是「卡不里島」，我記得一段；另一首是「歸來吧！蘇連多」，大概因為文字非常美及富有感情，我幾乎全記得。現在錄出來和大家一起欣賞。

「卡不里島」（Isle of Capri）

過去的事像雲煙了無蹤跡，

親愛的人兒妳在哪裡？

我願意再回到卡不里呀！

再回到卡不里來看妳！

「歸來吧！蘇連多」（Torna a Surriento）

蘇連多岸美麗海洋，晴朗碧綠波濤靜盪。

橘子園中茂葉纍纍，滿地飄著花草香。

可懷念的知心朋友，將離別我遠去他鄉。

你的身影往事歷歷，時刻浮在我心上。

今朝你我分別海上，從此一人獨自悽涼。

終日懷念深印胸膛，期待他日歸故鄉。

歸來吧！故鄉，故鄉呀我在盼望。

歸來吧！蘇連多，歸來！這故鄉。

太座和我住得離女兒家很近，大約十五分鐘車程可到。學校開學期間，週日每天放學後，我們負責照顧外孫兄妹倆人，直到一起吃過晚飯之後，所以我們和佳亮及佳琪在一起的時間較多。我很喜歡意大利名男高音 Luciano Pavarotti 唱的歌，尤其喜歡民歌「O，Sole Mio」

紅梅朵朵開

的樂曲，所以常常從網上放來聽，外孫兄妹兩人耳濡目染也會隨著音樂大聲合唱得唯妙唯肖。今年我生日那晚吃過蛋糕拆完禮物後，女兒和外孫兄妹三人說還要給我一個驚喜，說著她們三人就在客廳一字排開，仿「O，Sole Mio」的旋律，唱起她們三人為我生日合寫的英文歌詞，歌詞居然有六段之多，唱得有板有眼的，出我意料之外，實在太感動了。經得她們的同意，將英文歌詞翻譯成中文，一併供大家欣賞。

仿「我的太陽」	「O，Sole Mio」parody
祝公公生日	for Gong gong birthday
譯者：夏勁戈	作者：佳亮、佳琪
啊！公公，公公，	Oh gongie gongie，
我們多麼地愛你。	We love you so，
你真是滑稽，	You are so funny
當你說笑話時。	When you tell jokes。
你指導我們算術作業；	You help us with math homework；
有多少雞和兔	How many chickens and rabbits
（四則應用雞兔同籠問題）	
是否共有三十隻腳？	Are there with 30 legs in total？
啊！公公，公公，	Oh gongie gonie，
我們多麼地愛你。	We love you so。
你非常關心	You are so caring
我們大家。	Of all of us。

每天放學後，	Each day after school，
你接妹妹下校車。	You wait for Mei Mei's bus。
你注意她的安全和涼爽，	You keep her safe and cool，
我們非常信任你。	In you we trust。

啊！公公，公公，	Oh gongie gongie，
我們多麼地愛你。	We love you so。
今天你的生日時，	On this your birthday，
我們要告訴你：	We want to say：

我們很慶幸能和你在一起	We are grateful to have you
每天和我們一起歡笑。	To laugh with each day。
聆聽你述說你的文章，	To hear about your articles，
及其他有趣的事。	And all you have to say。

紅梅朵朵開

301

　　想起遊覽意大利這美麗的地方，和記起初中時學到的民歌，加上聆聽孫輩們改編的生日仿民歌，人生至此，夫復何求哉！

（2019.12）

第八章／菜饌篇／其他

金樽清酒斗十千，玉盤珍羞值萬錢。

　　唐／李白。行路難

可使食無肉，不可居無竹。

無肉令人瘦，無竹令人俗。

人瘦尚可肥，俗士不可醫。

　　宋／蘇東坡。於潛僧綠筠軒

8-01 菊黃蟹肥秋正濃

鐵甲長戈死未忘，堆盤色相喜先嘗。

螯封嫩玉雙雙滿，殼凸紅脂塊塊香。

多肉更憐卿八足，助情誰勸我千觴。

對斯佳品酬佳節，桂指清風菊帶霜。

清。曹雪芹 「紅樓夢」

　　這是「紅樓夢」第三十八回「林瀟湘魁奪菊花詩，薛蘅蕪諷和螃蟹咏」中林黛玉的咏蟹詩。在這回中賈寶玉、林黛玉、和薛寶釵都寫了咏蟹詩，我比較喜歡林黛玉這一首，它描寫了螃蟹的色香味及形狀，也寫出了黛玉對螃蟹的喜愛。

　　在「紅樓夢」人物中我偏好林黛玉，覺得她很率真沒有心機。我和黛玉一樣也特別喜歡吃螃蟹，有幸的是住在這盛產螃蟹的馬州，使我能大快朵頤。在這菊黃蟹肥秋正濃的季節，讓我們來談談螃蟹的種種和食蟹之樂吧。

蟹黃蛋

　　小時候母親有時會為我們作蟹黃蛋吃。那時抗戰逃難哪裡能買到螃蟹，沒有蟹黃，母親就拿吃螃蟹時用的調料：葱、薑、醋、和些微的醬油，來炒雞蛋，就叫這個菜為蟹黃蛋，吃起來彷彿真有蟹黃味道似的。這可能

紅梅朵朵開

305

就是難忘之"媽媽的味道"吧！大概也是我如今為什麼很喜歡吃螃蟹。

大閘蟹

大約十年前去上海。太座二姐的侄輩夫婦，請我們一共五人去餐廳吃有名的大閘蟹。聽說大閘蟹產於蘇州市陽澄湖。螃蟹拿上來時每隻螃蟹都用草繩紮緊，然後再把一對公母紮在一起，每人分得一對。紮緊的螃蟹顯得有點小，但解開後才知道還蠻大的。他們每人只吃了一隻，其餘的都給了我，所以我那天我一共吃了六隻。大陸螃蟹是論斤賣的，因為是季節所以每隻都很飽滿很重。大閘蟹果然名不虛傳，多肉而非常鮮美，讓我大飽口福吃得極其過癮。

藍螃蟹 （blue crab）

多年前若要吃螃蟹，我都是從馬州家中，開車到華盛頓城中第七街底波多馬克河邊，水上漁市場的漁船上去買一打活蟹帶回家中。到家後把螃蟹放在水池內，讓它們吞吐數小時清理其腸胃，再把外殼洗刷乾淨，最後放在大蒸鍋內蒸熟後食用。太座的嗅覺特別靈敏，總是抱怨我把家中弄得腥味難聞。再加上吃一次螃蟹，需要經過開車、洗蟹、蒸蟹等步驟太花費時間，所以就難得去城中一次了。

後來發覺有家 Cameron 海鮮店就在附近洛城。它有蒸好的螃蟹賣，而且比河邊的要大又方便。馬州螃蟹的季節是從四月到十一月底，美國的螃蟹是論打賣的，在季節內公的每打二十到二十五元，母的較小每打只要一半的價錢。冬天時螃蟹需要從南部海邊運來，最貴時公

的要賣到四十五元一打而且肉少，就太划不來了。

在螃蟹季節，太座的中學同學張美陽，有幾年每年都乘出差時到我們家來與幾位中學的同學相聚吃螃蟹宴。我們每次都買一簍（bushel）的螃蟹，就是用五打螃蟹的錢，海鮮店給你六打，大家吃得不亦樂乎。張女士在最近的通郵中還提起到，她對當時可以豪邁的一手抓蟹、一手啤酒、在桌中堆積蟹殼山的心滿意足時光念念不忘。

馬州盛產的是藍螃蟹（blue crabs），因為公蟹和母蟹的一對蟹鉗和四對蟹腳都呈藍色，只是母蟹蟹鉗的尖部為紅色，它們生長在 Chesapeake 海灣和下游之間，年產量約為三千到五千萬磅，是很重要的經濟海產。我比較喜歡吃公的因為肉多，再加上母蟹的蟹黃膽固醇太高不適吃。我每次都是去買半打，店裏給我八隻。太座愛吃蟹肉餅，而不願細心剔蟹肉，和我同桌吃螃蟹時總是匆匆忙忙地毫無耐心，害得我人心惶惶，所以我只好請她下桌，讓我一個人靜靜地欣賞。我會慢慢地從蟹鉗、蟹腳、和蟹身剔蟹肉出來沾蘋果醋來吃，蟹肉有甜甜的鮮味，嫩而多汁，入口生津，真是人生莫大的享受。八隻螃蟹吃完時，不知不覺已過了一小時半到兩小時。

皇帝蟹 （king crab）

今年（二〇一八年）八月下旬到九月初，我們和五位朋友作了北歐之遊。到了挪威有名的漁市場，那裡有許多海鮮店，時近黃昏大家都已饑腸轆轆，就進了門口有大魚缸的一家店坐下。聽說挪威的皇帝蟹產於北部寒冷的深海水域特別有名，而且活生生的就在大魚缸內，

大家就點了帝王蟹及另外兩種海鮮。在拿皇帝蟹去蒸之前，女侍從魚缸內撈出一隻來，只見一對大蟹鉗和三對超級健碩的長腳，她抓住兩邊的長腳展開來給大家看，蟹身加兩邊的腳足足有三英呎長。不久蒸好的海鮮上桌，蟹肉無比的新鮮，嫩而多汁，這麼粗大的螃蟹居然可以比美馬州的藍蟹。挪威的物價本來就很高，但這隻皇帝蟹的價錢卻是天價，都可以吃兩桌十人的酒席了。同行的一對夫婦朋友慷慨解囊讓大家可以大快朵頤。

後語

　　十年前我參加培訓，接受六十小時以環保為基楚的園藝課程，及每年十小時的訓練課程，成為馬州蒙郡的義工園藝大師，如今在 Brookside Garden 的植物診所服務。這些課程多半在啟發大家對保護環境的意識，有點像中國道家順乎自然的哲學。要大家盡量少用化學肥料，多用有機（organic）肥如堆肥等。如要用肥料也應播散在適當的地方，否則就算是遠在馬州博城，也會經由地下水、下水道、溪流、河川、與湖泊，帶到數百哩外的 Chesapeake 海灣，有害於螃蟹和其他的生物。想不到更非常高興我的義工園藝大師服務居然可以保護到我特別喜愛的馬州藍蟹。

（2018.11）

8-02 肉非肉

　　我從小腸胃就不好，最近消化不良，深以為苦。只能吃魚蝦，蔬菜軟的才敢生吃，稍硬的煑來吃，再硬的就只能壓出汁來喝。至於我喜歡的宮保雞丁、牛筋米粉、牛腩湯麵、和滷牛腱湯麵，都只能望肉興嘆，少了很多人生的樂趣。女兒家離我們很近，週日外孫和外孫女下學後，都由太座和我照顧，太座並在她們家料理晚飯。兩星期前女兒早下班，並說買到了一樣驚喜的東西要給我們吃，原來是最近報章雜誌常提到的 Beyond Burger，太座立刻照印出的做法去處理，那就是把漢堡肉每面在鍋中乾煎四分鐘，加上茄汁、蕃茄、和軟生菜後放入圓麵包內，端上桌來由大家品嚐。我雙手拿住整個漢堡一口咬下去，頓覺多汁鮮嫩好吃，和以前吃牛肉漢堡的味道一樣，真是莫大的享受，也是消化不良的人之大幸也。

　　原來美國 Beyond Meat 公司於 2016 年推出了一種全素的 Beyond Burger，味道和口感幾可亂真。它用的食材主要有：水、碗豆、大米、和綠豆的三種蛋白質，菜籽、椰子、和葵花三種植物油，和甜菜汁（呈現像生牛肉的粉紅色）等。其中沒有黃豆（soy）、沒有麵筋（gluten）和沒有轉基因作物（GMO），所以對這些食材敏感的人可以放心食用。但是對花生敏感的人有時也可能對碗豆敏感，因為這種素漢堡含有豌豆，所以吃時要注意有沒有不良的反應。每客素漢堡含有 40% 的蛋白質、28% 的植物油、16% 的鈉、6% 的鉀、和 1% 的碳水化合物，可算是健康食物。現在許多快餐店、飯館、和超市都有 Beyond Burger 出售。在超市買時，它放在肉類的冰櫃中，盒子右上角有 NOW EVEN MEATIER 字

樣的是最新的出品，格外多汁。

美國另一個 Impossible Foods 公司於 2016 年推出也是全素的 Impossible Burger，它的食材都是有機的，主要是：水、黃豆和馬鈴薯的蛋白質、椰子和葵花兩種植物油等。這種素漢堡在快餐店和飯館可吃到，但目前只有南加州的超市 Gelson's Markets 可買到。可喜的是最近台灣弘陽食品公司也開始生產自己品牌的素漢堡。

其實從古到今，中國的家中、飯店、和廟裡的素食就有素雞、素鴨、和素鵝。它們都是黃豆做的食品，以素仿肉，口感與味道與禽肉難以分辨，極其鮮美，我也很喜歡吃。

牛需要吃大量的玉米和黃豆等飼料，為了攝取同樣的營養價值，吃牛肉比吃素要消耗十倍的能源。再加上牛群會產生溫室效應的甲烷（methane）氣體，因而加速地球的暖化。所以改吃素漢堡不但可以減少多量能源的消耗，又可以保護環境，實為一舉兩得。

真箇是：

花非花，肉非肉。

味道好，營養足。

舒腸胃，助消化。

省能源，又環保。

何樂而不吃哉（齋）？！

（2019.09）

8-03 賞燈嚐新過聖誕

　　每年聖誕假期，小兒全家都會從波士頓南下，到馬里蘭州蒙郡，和我們家及附近的女兒一家團聚。今年（2019）的聚會有點特別，活動和菜餚和往年大不相同，每樣都是第一次嚐試。

花園燈展

　　馬里蘭州蒙郡的 Brookside Garden 每年感恩節到新年之間，每天晚上都舉辦燈展，我雖然在那裡的植物診所義務服務了十年，但一直沒有想到在節日忙碌時去看這燈展。這次聖誕節期間，太座建議帶五個孫輩去看燈展，也同時讓他們的父母親四人，可以不用拖兒帶女，輕鬆地出去吃頓晚餐。十二月二十三日星期一黃昏，我們祖孫七人坐進了廂型車開往公園，快到時只見三條街外已開始大排長龍，車隊向前移動得極慢，約一小時後才進了公園，好在孫輩們會自己唱歌談話和玩遊戲打發時間。

　　停車後我們去遊客中心詢問步行遊園賞燈的路線，服務人員告知出了中心後門，穿過許多燈紮成的天蓬後向左轉，照著指示牌前進。過了天蓬後，只見滿園地上和樹上都是燈紮的各種形狀：有的像毛毛蟲、蜘蛛、蜻蜓、螳螂、和蜜蜂窩，有的像青蛙、狐狸、和長頸鹿，還有的像雲彩、彩虹、太陽、和小溪，再有的像向日葵、仙人掌、和各種樹木花草。都紮得唯妙唯肖，一路上孫輩們高興得大聲指出各種形狀。

賞燈的高潮是進到了模型火車大廳，由大華盛頓地區模型火車社團負責展出，並有社團會員幫忙解說。原來大廳當中的山川模型是由會員們親手打造的，有小山、山洞、小溪、橋樑、鐵路、車站、房屋、農莊、牛羊馬匹、及各種人羣。有三輛小火車在山川中奔馳，孩子們高興地跟著火車跑。靠近大廳一面牆邊，另有一輛小火車沿著我們當地附近地標建築來回開動，例如有一個地標建築是外孫們常去的 Glen Echo 公園，並可看到旋轉木馬正在轉動，孫輩們玩得都不想離開。繞了一大圈我們又回到了訪客中心，大家又冷又渴，趕快步入販賣廳，他們點了熱可可、橘子水、熱狗、餅乾、或松糕，圍坐大圓桌盡情的享用，一晚上玩得很盡興而歸，到家一上床就熟睡了。

蒸汽爐子

七年前我們家改裝廚房，把廚房和飯廳的隔牆拆除，請人重新設計，換用全新的廚房電器，由保羅負責安裝。在買電器之前，保羅建議加裝一個蒸汽爐（steam oven），因為他為一位泰國太太裝過，她非常喜歡，我想同為亞洲人，煮菜的習慣相同，我們也應該買一台來試試，但是廚房改裝後，不知為何我幾乎沒有用過這台蒸汽爐，太座笑說這是我給自己買的昂貴玩具。這次聖誕夜之餐，我要用蒸汽爐負責準備蔬菜，以雪前恥。

首先我要好好瞭解這台高科技的蒸汽爐。爐子大小約像一個大型的微波爐，爐子的右邊有一個裝水的容器，作為供應蒸汽之用，但必須用自來水而不能用蒸餾水，因為自來水中有礦物質，有助於把水變為蒸汽。左邊的大空間用來放要蒸的食材，食材可放在三個長方型

的鋁盆內，盆底有許多小孔，可以讓蒸氣達到食材的上下面。蒸汽爐內有一個小電腦，幫助使用者能用適當的時間來蒸各種食材，例如你要蒸小包心菜（Brussels sprout），打開電腦後先選擇食材為蔬菜，再選小包心菜，再選擇要脆還是你要的軟的程度，然後開始蒸，電腦會指揮開始加熱，並顯示當水達到沸點後，需要蒸多少時間，時間一到爐子開始減熱，然後停止操作，表示食材已經蒸好，可以取出。

　　我打算為了聖誕夜晚餐做一道「五蔬呈祥」。食材是五種蔬菜：小包心菜（Brussels sprouts）、包心菜（cabbage）、綠瓜（green squash）、黃色瓜（yellow squash）、和甜薯（sweet potatoes）。我將蔬菜先洗乾淨，把約為一英吋直徑的小包心菜對切，包心菜切成二英吋見方，綠瓜和黃色瓜削皮後切薄片，甜薯削皮後切成薄片。因為每種蔬菜我都試蒸過，知道若每一種蔬菜都蒸二十分鐘，會達到我喜歡的軟硬度。我就先把洗切好的蔬菜放在蒸汽爐三個鋁盆中，客人到後才開始啟動蒸汽爐，不久所有蔬菜都熟了，取出後加上橄欖油、胡椒、和少許的塩，兩大盤新鮮爽口的「五蔬呈祥」就端上桌了。

套裝火雞

　　前面說起我在 Brookside Garden 的植物診所義務服務。十年來我一直跟隨我的園藝師父 Len 博士，他是猶太人，比中國人還中國，什麼飛禽走獸都敢嚐。好幾年前他就建議我去嚐一種叫 Turducken 的食物，這是 turkey-duck-chicken 的縮寫，也就是把去骨的雞塞入去骨的鴨子中，然後一起再塞入去骨的火雞肚中，這讓我想

起倒很像我在俄國買給我女兒的的套裝洋娃娃（nesting doll），我就叫這種特別的食物為套裝火雞。

多年來聖誕夜晚餐我都準備煙燻火雞，色佳肉嫩而多汁，頗獲家人和親戚的好評。今年聖誕夜晚餐，我既然想變變花樣，何不試試我師父建議的套裝火雞。我在網上找到了販售的公司，查到有一種套裝火雞，在雞中塞入蘋果而不是香腸，比較健康。於是太座在聖誕夜八天前訂了一個十二到十五人份的套裝火雞，三天後一個大紙箱運到了，箱內套裝有泡沫橡膠大盒子，盒內有一長方紙盒，上面放了二英磅重的乾冰，用以維持底溫，一張紙上印有警告詞，嚴禁放在不通風之處，因為乾冰就是凍結的二氧化碳，若升華為氣體，將會使人窒息。長方紙盒內就是期待已久的套裝火雞，用繩子綁緊，共十一英磅。幸好是在八天之前訂貨，因為運到時離聖誕夜只剩五天，而說明書上說需要在冰箱中解凍五天。

聖誕夜晚餐的客人將會在下午四時到來，因為需要在華氏二百二十度慢火烤六個多小時，但是以套裝火雞體內達到一百六十多度為準。我時間估計得很準，我將套裝火雞於上午十時放入烤箱，約下午四點達到規定的溫度，取出後用錫鉑紙蓋了半小時後，燒烤終算完成，準備切片。把烤好的套裝火雞放在刀板上，先把翅膀和腿部拿開，然後從頭到尾把套裝火雞切成兩半，最後把每一半切成片，分給客人。因為去了骨的原因，切片時覺得靠肚子部分肉有點散，不太好切。套裝火雞吃時覺得火雞肉部分有點乾而不嫩，鴨肉和雞肉分辨不清，太座說沒有我做的煙燻火雞那樣嫩而多汁，雖然令人失望，但也高興有過這新奇的體驗。

後語

　　這次聖誕假期很高興兒女孫輩歡聚一堂，第一次觀賞到了花園燈展，讓孫輩們玩得盡興，並成功的用蒸汽爐做好一道蔬菜，雖然套裝火雞不如人意，倒是讓大家有機會嚐過一種從來沒有吃過的菜饌。

　　真箇是：

　　　　花園燈展飽眼福，五蔬呈祥蒸汽爐，
　　　　套裝火雞開洋葷，全家歡聚樂融融！

　　　　　　　　　　　　　　　　（2019.12）

8-04 洛城憶往：那些雜貨店和中餐館

　　我們住在馬里蘭州博城，多年前太座的父母親還住在附近華盛頓特區的華樂大廈，所以我們常常去那裡探望他們。那時市內有一家作豆腐的小工廠賣非常鮮嫩的豆腐。並有幾家正宗的廣東餐館，我們常去飲茶吃點心、油雞和皮蛋瘦肉粥。

　　近二三十年來，離我們家非常近的馬里蘭州洛城（Rockville）中國雜貨店和餐館林立，約有一二十家之多，簡直就成了特區外另一個中國城。在方圓五英哩之內，幾乎就是我們常去的地方，我們在那裡採買、用餐、會友、請客、開會，非常方便。

　　二○○三年夏秋之交，太座和我去一個烹飪學院上了五堂烹飪示範課 ，是由法國烹飪大師 Chef Francois Dionot 主持，每堂課三小時，他教我們做三道菜：開胃菜、正菜、和甜點，都是在黃昏時舉行。我們深受他那種敬業精神的啓發，那一陣子回家後太座做了幾次法國菜請客，我則發奮照食譜學做我喜歡的中國菜。食譜中需要用一些從沒見過的食材和香料，我就常去「東方」雜貨店請教，老闆娘為人親切，一聽到我的問題立刻告訴我在哪一排的架子上可以找到，幫我完成了我做的佳餚。我學做好八道菜之後，還特別請小兒的準丈人和丈母娘吃了一頓宴席，成就了一段美滿的姻緣。我還去服務週到的「金山」，那裡有我喜歡的牛筋片，還有一種取名幽默的 不見天，原來那是豬胳肢窩下面的一塊肉，滷後又嫩又脆非常好吃。另外是牛前腿的小牛腱，買來時是長條形，滷後呈圓球狀，切薄片後可做冷盤，非常可

口。「美心」有我喜歡的墨魚，可以買到滷好的墨魚，呈淡黃色，請店員幫我把一整隻切成薄片，很有嚼勁，比魷魚要嫩多了。我還愛吃它們的廣東油雞，讓我想起在台南中學時，我們全家去「羊城」，上了窄窄的樓梯，在樓上吃嫩油雞的情景。

華府書友會每個月舉辦一次演講，早年會後都請演講者到附近的「新陶芳」中餐館吃晚餐，那裡很寬敞，並有兩個包間。二〇〇二年華府有名的紅學大師王乃驥，在書友會給了一次有關紅樓夢精彩的演講，會後我們去「新陶芳」聚餐，餐中大家同意成立一個 紅學讀書會，每月聚會一次，會前大家先念三、四章紅樓夢，開會時先由王大師主講，然後一起討論，這些年來除紅樓夢之外，我們共研讀了金瓶梅、西遊記、三國演義、史記、和楚辭，現在正在讀詩經和魏晉隋唐史，感嘆中華文化之博大精深受益良多。太座的母校東海大學也常在這裡開校友會，記得有一年東海一位年輕的校長來演講，他介紹了大學內成立了博雅書院，給特別優秀的同學參加。太座中學的母校台北一女中，有時也在此開同學會，有一年一位同學的女兒 Leslie Chang 一九九九年出了一本書，書名是 Beyond The Narrow Gate，同學會請了 Leslie 來給大家演講。書中描述她的母親和三位好友，因避內戰遷到台北，同時考取極難進得去的名校 台北一女中，就好像一個很難通過的窄門，後來四人都遠跨重洋，來到美國打拼，改變了自己，及貢獻了周遭的社會。母親與好友的故事，由她娓娓道來感人肺腑。

華府的詩友社每兩個月開會一次，早年都是在「海珍樓」聚會。飯店的老板有時也會坐下來聽討論古典詩詞的演講，我叫他作老板中的儒將，為人溫文儒雅，對

詩友社特別大方支持，供給我們豐盛的宴席，我每次都不願錯過這個難得的機會。老板還是三、四十年前把惻魚（tilapia）引進大華盛頓地區的第一人。有一年他大手筆啓用健康新菜單，增加許多蔬菜，他同時還換了一套摩登的餐具，非常漂亮。他並且推出紅樓套餐，用紅樓夢書中提到的菜饌，頗獲好評。黎明中文學校的家長和老師，為了孩子們的中文教育真是費心費力令人十分感動。學校每星期天上午十時至下午十二點二十五分上課，下午並有許多文化課外活動，為了家長和學生的方便，學校的家長會還特別和幾家中餐館連絡，好定期供應外賣午餐。許多時候還看到「海珍樓」的老板親自運送午餐便當到學校來，我總是特別跟他打招呼。

離我們家最近的是「福星美食」，非常方便，就在蒙郡商場外面。狹長的店面只有九張餐桌，一進門就可看到牆上掛著華府書法家王純傑的字：小憩處、一樂也，下款是長樂王粹人。多年前還在他家看過他示範書法，知道字要掛起來後才能考驗它的好壞。我很喜歡看他的字體，覺得非常賞心悅目。和前台的經理聊過，知道當年大學畢業後，他在台北服憲兵預備軍官役，上下班比較輕鬆。我比他早期，我在屏東服空軍預備軍官役，每星期週末才能回台南家中。我們常和朋友在這裡聚餐聊天，有時也遇到其他朋友來用餐，飯館上菜很快而且量多，每次去都看到因為外賣、外送、和堂吃而忙得不可開交，十分熱鬧。

可惜這些雜貨店和中餐館都不在了，只能在回憶中去回味那段難忘的生活，那時的人和事。

（2020.02）

8-05 趕上時代，網上買菜

　　因為最近新冠肺炎肆虐，大家談虎色變，有點像我們當年抗戰時逃日本兵的情景，全球籠罩著陰影，害得人心惶惶。因為這個病毒比二〇〇三年的要可怕得多，原因是一個人雖然他看似沒病，但很可能他身上帶有病毒，跟他若有接觸，很可能會受到感染，實在是防不勝防，使得病毒得以傳播得又快又廣，不管男女老幼都有可能受到傳染，真是太可怕了。因為這一段時期還沒有治療的藥，目前唯一的方法是採取全民隔離，才能減少病例。漸漸減少新病例出現，同時研究抵抗和預防病毒的藥物。

　　為了要避免太座和我感染新冠肺炎，從三月十三日我們和女兒家實行了隔離，不再去她們家照顧孫輩。在隔離之前，女婿為我們買好了一些日常用品和食物，以供閉關後之用，也真多謝他設想週到有這番孝心。太座正好整理她的書房，發現了一些珍貴的文件。我則可以充分利用這個機會，整理我的文章，準備出第二本書，還真是忙得不可開交。我們每天下午三點鐘，乘室外溫度最高的時候，去住家附近散步，呼吸新鮮空氣，也會遇見一些鄰居，我們當然保持距離以測安全。

　　閉關近一星期以來幾乎每天吃素。昨天上午忽然想喝點我以前常燒的排骨湯，但沒有作料，又不好麻煩女婿上街去買，就想到不妨趕上時代，試試到網上去訂購，也可得點經驗，以備以後不時之需。說著就立刻到我們常用的網站去查，正好它跟當地一家菜場連線，我就選了四磅豬排骨，加上四個洋蔥、七根香蕉，再又選了一

小包鳳梨乾零食，因為它極富維他命 C，對身體免疫能力有幫助。正好湊滿了三十五元，不用付送貨費。為了萬一有時缺貨，店員會打我手機，訊問可否用某些替代品。那時已過中午，可以約兩小時之後，在當天下午三點到五點之間送到。

果真下午三點鐘，兩個大紙袋就已出現在大門前，一個裝了豬排骨，其他三樣放在另一袋中。我立刻開始準備作排骨湯，先把約兩磅的排骨洗淨，將每根排骨切開，放入高壓鍋中。再把兩個洋蔥剝皮，切成兩吋見方，也放入鍋中，加入五六片老薑，米酒、塩、胡椒、和少許的糖，最後倒進過濾水，滿過作料約兩三吋，關上鍋蓋，插電啓動高壓鍋。

約四十分鐘後大功告成，放氣開鍋，頓時香氣撲鼻。我把先煮好的蝦子細麵放入碗中，加進排骨湯，另外放些小青菜，和半個松花糖心無鉛皮蛋，灑了點麻油、醬油、和糖在皮蛋上。排骨煮得肉和骨頭很容易分開，洋蔥幾乎入口即化，湯汁很鮮，配上細麵，實在吃得很過癮。太座早已饑腸轆轆，也讚不絕口。我們坐在飯廳後的玻璃陽台內，四週是窗，可以欣賞後園的紅橋、梅花、和初春剛開的花卉，一面吃著味美的排骨麵，真是人生一大享受。

（2020.03）

卷尾自跋

　　自從我的第一本書「蔚蔚乎銀杏」於二〇一六年出版之後，這四年來我筆耕出奇的勤奮，居然完成了六十多篇散文。

　　非常高興「紅梅朵朵開」（Blossoming of the Red Plum Tree）一書能夠順利出版，要謝謝丘宏義總裁領導下美商漢世紀公司（EHanism Global Corporation）的團隊之鼎力相助。尤其是國際開發部統籌劉婉伶女士細心而及時的幫助，及在疫情時的關懷，特致衷心的感謝。

　　筆耕就好像一湯匙一湯匙的餵孩子吃飯，看著他漸漸成長。寫作是一字字、一行行、一篇篇的累積成書，就如下面的詩句所提：

　　　　「汪汪大洋，來自涓滴之水。
　　　　　蒼松翠木，來自碧綠之苗。」

　　我也深知，一分努力，一分收穫。喜歡用下面的詩句勉勵自己：

　　　　「花若盛開，蝴蝶自來。
　　　　　人若精彩，天自安排。」

夏勁戈
二〇二〇年四月

卷尾自跋

紅梅朵朵開

Blossoming of the Red Plum Tree

作　　者/夏勁戈（Jack Jinn-Goe Hsia）
作者專頁/www.amazon.com/author/jack.hsia
封面設計/梅強民
文章校正/梅強國
出版者/美商 EHGBooks 微出版公司
發行者/美商漢世紀數位文化公司
臺灣學人出版網：http：//www.TaiwanFellowship.org
地　　址/106 臺北市大安區敦化南路 2 段 1 號 4 樓
電　　話/02-2701-6088 轉 616-617
印　　刷/漢世紀古騰堡®數位出版 POD 雲端科技
出版日期/2020 年 5 月
總經銷/Amazon.com（亞馬遜 Kindle 電子書同步出版）
臺灣銷售網/三民網路書店：http：//www.sanmin.com.tw
　　　　　三民書局復北店
　　　　　地址/104 臺北市復興北路 386 號
　　　　　電話/02-2500-6600
　　　　　三民書局重南店
　　　　　地址/100 臺北市重慶南路一段 61 號
　　　　　電話/02-2361-7511
全省金石網路書店：http：//www.kingstone.com.tw
定　　價/新臺幣 900 元（美金 30 元 / 人民幣 200 元）

CPSIA information can be obtained
at www.ICGtesting.com
Printed in the USA
BVHW070719120520
579562BV00001B/84